신학문과 독립운동의 선구자
이상설

이상설

신학문과
독립운동의 선구자

| 이민원 지음 |

| 글을 시작하며

19세기 말엽 조선을 다녀간 미국인 외교관 퍼시벌 로웰은 조선朝鮮을 '고요한 아침의 나라Morning calm'로 서양에 소개하였다. 조선의 의미는 '밝은 아침' 혹은 '신선한 아침Morning bright'으로도 풀이할 수 있지만, 서양인의 눈에 비친 조선은 아직 깨어나지 않은 동방의 작은 나라였다. 당시 조선은 조상의 제사가 중시되는 유교 사회이자 남성 우위의 가부장 사회였고, 한없이 가난한 농업 국가였다.

그런 약소국가가 한 세기도 안 되어 '한강의 기적'을 이룩해냈다. 그사이 엄혹한 시련이 없었던 게 아니다. 한반도 주변에서 벌어진 청일전쟁과 러일전쟁의 결과 한국인들은 일제의 식민 통치를 경험해야 했다. 이후 세계의 격변 속에 두 차례의 세계대전이 벌어졌고, 마침내 일본의 패망으로 한국인들은 꿈에 그리던 해방을 맞았다. 그러나 이어진 6·25 전쟁으로 한국은 다시 비극적인 나라로 전락하였다.

이처럼 나락으로 떨어졌던 나라가 한 세대 만에 일어서서 현재의 선진형 국가로 변모하였으니, 세계 최하위 수준의 가난했던 나라가 최고의 기적을 낳은 것이다. 정보와 기술, 치안과 복지 어느 것도 선진국에

뒤떨어지지 않는 나라가 되었다. 대한민국은 이제 '활기찬 아침의 나라'이다.

대한민국이 이렇게 발전하기까지 많은 사람들이 헌신하였다. 주로 해방 이후 괄목할 만한 발전을 이루었지만, 그렇게 되기까지는 지난 1세기 동안 나라와 국민에게 강인한 정신과 의기를 불어넣어준 이들의 숭고한 희생이 바탕이 되었다. 그들은 한국인에게 희망의 끈을 놓지 않게 한 리더형 애국자들이라 할 수 있다. 그런 인물 중 한 사람이 이상설李相卨(1870~1917)이다. 이상설은 헤이그에 파견된 고종의 특사로 유명하지만, 전통 유학의 대가이자 서양의 근대 수학과 과학을 도입해 가르친 선구자였다. 그런 그는 인생의 후반기에 해외 민족교육가로 활동한 뒤, 한국독립운동의 기초를 놓았다.

이렇게 볼 때 이상설은 독립운동의 대선배이자 선구적 과학자·교육자였다. 역대 한국의 외교관이나 순국선열, 인문학자와 수학교육자, 과학 교사의 대선배 격이다. 근현대 인물 가운데에서 가장 먼저 평전이 나올 법했지만 국내와 해외에 걸쳐 활동하였고, 한창 일할 아까운 나이에 타계하였으며, 소장하고 있던 각종 유품과 자료도 유언에 따라 소각한 결과 연구에 많은 어려움이 따랐다. 다행히 윤병석 선생님의 장기간에 걸친 노력과 내외 인사들의 도움 덕분에 후학들에게 길잡이가 될 훌륭한 실증적 연구가 나와 있다.

이 글은 이 같은 노작과 최근의 헤이그특사 관련 학술회의 발표 등을 토대로 학생과 대중을 위해 풀어쓴 것이다. 교양도서이라는 점에서 학술 논문 작업보다는 부담이 덜할 듯도 하지만, 훌륭한 업적을 남긴 인물의 생애를 다루는 일은 그 이상의 부담이자 영광이다. 그동안 필자를 독려해주신 윤병석 선생님, 그리고 한국을 방문할 때마다 집안에 전해오던 이야기를 들려주신 미시건대학의 이재승 교수님, 한국전쟁의 비사 KLO부대의 이야기를 남기신 이창건 박사님, 그 외 이상설기념사업회의 이상훈 박사님, 이동길 선생님 등께 감사드린다. 더불어 이상설 선생 저술의 일부가 수당고택에 소장된 내력을 일러주신 수당기념관의 이문원 관장님, 이상설 선생의 수학과 과학 분야 저술과 자료를 분석·연구하여 학계에 소개해준 성균관대 이상구 교수와 공동 연구자들의 노고에 감사

드린다.

 이상설 연구에 중요한 자료 일부는 러시아·미국·독일·영국·프랑스·네덜란드·일본 등 각국 주재 공관과 본국 정부 사이에 교신한 보고문과 훈령이다. 이 자료들은 이상설의 활동에 대한 각국 정부의 반응과 대응 조처, 대한제국과 일본에 대한 각국 정부의 입장 등을 두루 관찰해볼 수 있는 것들이다. 아울러 국내 여러 인사들의 기록도 이상설의 학문과 독립운동은 물론 3·1운동 이전 해외 한인들의 활동을 살펴보는 데 필요한 자료들이다. 이런 방대한 자료들이 모여 머지않은 장래에 이상설 전집이 완성되기를 고대한다.

2017년 12월
수락산방에서 이민원

차례

글을 시작하며 4

- 유년기의 가정과 변화하는 세계
    세계 질서 변동과 동아시아 10 ｜ 한양 대감댁 양자가 된 시골 소년 13
    고종의 즉위와 조선의 개항 16

- 청년기의 학문과 관직 생활
    이상설의 학문과 벗들 21 ｜ 과거 합격과 관직 생활 25
    과거시험 답안과 '지어지선론' 29

- 격동하는 나라 안팎의 정세와 이상설의 서양 학문
    청일전쟁과 격동하는 조선 33 ｜ 고종의 황제 즉위와 대한제국 선포 40
    수당고택과 이상설의 저술 44 ｜ 서양 학문 수용과 수학 및 과학 자료 집필 49

- 러일전쟁과 빼앗긴 대한제국의 외교권
    인천항의 포성과 잿더미가 된 황궁 56 ｜ 일본의 토지 침탈 기도와 대한협동회 60
    러·일의 강화와 일본의 보호조약 강요 66 ｜ 빼앗긴 외교권과 이상설의 상소 71

- 망명과 해외 한인교육의 개척
    자결한 민영환과 혼절한 이상설 77 ｜ 이상설의 망명과 그 내막 81
    서전서숙 건립과 민족교육 86

- 황제의 특사

    고종의 특사 파견과 그 논리 91 ｜ 특사의 구성과 해외의 후원자 96

    궁궐 안팎의 협력자 100 ｜ 헤이그특사의 사명 104

    이상설의 헤이그 도착과 이후 활동 108

- 열강의 반응과 특사 일행의 운명

    서양 각국의 반응과 언론인 스테드 113 ｜ 이준의 순국과 그 내막 121

    이범진 공사의 자결과 이위종의 최후 127 ｜ 이상설의 사형 선고와 미완의 사명 137

- 해외에서의 독립운동

    애국동지대표자회의와 국민회의 탄생 144 ｜ 성명회와 권업회 창립 148

    대종교와 독립운동 153 ｜ 대한광복군정부 수립과 신한혁명당 조직 158

- 조국 광복을 이루지 못하고 맞이한 죽음

    특사의 사명 수행이 남긴 것 162 ｜ 수이푼강에 뿌린 눈물 166

글을 마치며 170
이상설의 삶과 자취 175
참고문헌 178
찾아보기 193

유년기의 가정과
변화하는 세계

세계 질서의 변동과 동아시아

18세기 중반 영국에서 시작된 산업혁명은 한 세기가 지나지 않아 유럽 전역과 미국 등지로 확산되며 전 세계를 요동치게 하였다. 이후 19세기 중후반까지 산업혁명을 이룩한 나라는 영국·프랑스·독일·이탈리아·러시아 등 유럽의 몇몇 나라와 미국에 불과하였다. 이들이 전 세계에서 시장을 확보하는 과정에서 아시아·아프리카 등지에 각국의 식민지가 확산되어갔다.

유럽에서 이런 변화가 일어난 것과 달리 19세기 중후반 동아시아에서는 중국 중심의 질서가 유지되고 있었다. 아시아 문명의 중심인 중국이 상국으로 군림하고, 사대와 조공을 행하는 주위 국가들이 조공국이자 제후국으로 자리하는 구조였다. 이를 중국 중심의 사대교린체제 혹

산업혁명

은 책봉체제라고 부른다.

이와 같은 동아시아의 구조가 흔들리기 시작한 것은 아편전쟁과 남경조약 이후이다. 청나라는 상해 등 여러 곳의 항구를 개방하고 홍콩을 영국에 떼어주었다. 이후 나라 안팎이 어수선하였던 청나라에서는 태평천국의 난이 일어나 전국이 혼란에 빠지고, 영불 연합군이 북경을 침략하자 황제가 열하로 피난하는 상황까지 벌어졌다. 늦게나마 서양 무기의 우수성을 깨달은 청나라에서는 중체서용中體西用의 기치 아래 서양 문물 도입을 위한 운동, 즉 양무운동을 시작하였다. 그러나 서태후의 권력욕과 관료의 무능으로 그 성과는 지지부진하였다.

한편 러시아는 영불 연합군의 북경 침략을 틈타 1860년 청나라로부터 연해주를 확보한 뒤, 블라디보스토크에 군항을 건설하였다. 그러나 연중 4개월 정도는 결빙되는 탓에 함대의 이동에 제약이 따랐다. 이에

아편전쟁

러시아는 요동반도와 한반도에 관심을 기울여 남하하고자 하였다.

다른 한편, 에도막부 이래 200년 동안 쇄국정책을 취해온 일본은 나가사키를 통해 네덜란드와 청나라 상인에게 제한된 무역을 허용하고 있었다. 이런 대외관계는 흑선黑船이 내항한 이후에 깨졌다. 통상을 요구해오는 미국·영국 등의 함대에 맞섰다가 참패한 막부幕府는 먼저 미국과 통상조약을 체결하고, 이어 영국 등 서구 각국과도 조약을 맺었다. 이후 메이지유신明治維新으로 정치 제도를 고친 일본은 서구 지향의 공업화를 추진하며 근대화에 매진하였다. 상징적으로는 천황을 내세웠으나, 실제로는 의회를 기반으로 수상이 내각을 이끌어가는 근대적 국가체제로 변모하였다. 일본의 변화는 신속하였고, 역동적·도전적이었다.

급진적으로 변화하기 시작한 일본은 서서히 청나라에 도전하기 시작하였다. 먼저 대만과 유구왕국을 시험 대상으로 삼았다. 1874년 일본의 사쓰마번이 대만을 침략하였고, 조선이 일본에 문호 개방을 한 수년 뒤인 1879년에는 청나라에 조공을 해오던 유구왕국을 병탄하였다. 대만과 유구왕국에서 벌어지는 변화를 모를 리 없는 청나라였지만, 서구 열강의 침략과 내부의 반란으로 사면초가가 된 상황에서 별다른 대응을 하지 못했다. 청나라의 사태를 주시하던 일본은 재정과 군사의 힘을 키우면서 대만은 물론 조선까지 넘보고 있었다.

페리 제독

이상설이 태어날 무렵 세계는 이처럼 격동기에 접어들고 있었고, 동아시아의 청나라와 일본도 큰 변화를 맞고 있었다. 그런 변화는 조선에도 곧 닥칠 상황이었다. 그러나 그때까지도 조선은 아직 '조용한 아침의 나라'였다.

한양 대감댁 양자가 된 시골 소년

이상설은 1870년 충청북도 진천군 덕산면 산척리 산직마을에서 선비 이행우李行雨와 벽진 이씨 사이에 태어났다. 본관은 경주慶州이다. 어릴 때 이름은 복남福男 혹은 상남相男이며, 자는 순오舜五, 호는 보재溥齋이다. 이상설이 머물며 학문을 닦던 서재의 이름, 즉 당호堂號는 벽로방주인碧蘆舫主人이다. 그는 고려의 학자 이제현李齋賢의 22대손이며, 조선 선조와 광해군 재위 당시 활약한 문신 이시발李時發의 11대손이다.

역사상 놀랄 만한 업적을 남긴 인물들 대부분 그러하듯이 이상설 역시 어린 시절에 매우 총명하였다고 전한다. 그러나 그가 태어난 진천은 당시 교통이 불편한 궁벽한 시골이었다. 이상설이 그곳에 그대로 머물러 있었다면 이제 막 조선에 도입되기 시작한 서양 신문물을 접할 기회를 갖기 어려웠을 것이다.

시골 소년 이상설이 생애에 중요한 전기를 맞은 것은 7세 때로, 강화도조약이 체결된 해였다. 일가 중에 서울의 장동長洞에 사는 이용우李龍雨라는 이가 후손이 없어 고민을 하고 있었다. 그는 진천의 일가 중에 총명한 아이가 있다는 소문을 듣고 직접 찾아가서 살펴본 뒤에 이상설을 양자로 삼았다. 형편은 가난해도 시골의 들녘에서 뛰놀며 부모의 사랑을 넉넉히 받았을 이상설. 그는 서울의 대감댁에 양자로 가면서 완전히 색다른 세계를 접하게 되었다. 그는 고향의 친부모를 그리워하는 한편, 양부모의 보살핌 속에서 미래의 꿈을 착실히 키워나가게 된다.

이상설의 양아버지 이용우는 진사 출신으로, 고종이 즉위한 다음 해인 1864년 임금 앞에서 치르는 전시殿試를 거쳐 대교待敎에 임명되었다. 예문관의 대교는 봉교·검열과 함께 관원의 사령서를 작성하고, 춘추관의 기사관을 겸임해 왕의 측근에서 군신의 대화를 기록하며, 시정기를 작성하는 일을 담당하였다. 아울러 규장각 대교는 역대 국왕과 현존 국왕의 시문·서화·초상화 및 왕실 도서를 관리하였다. 이후 이용우는 예문관 검열, 사헌부 집의, 홍문관 교리 등을 거쳐 1875년 7월 24일 성균관 대사성에 임명되었다.

진천의 숭렬사

　이용우가 이상설을 양자로 맞아들인 것은 성균관 대사성에 임명된 직후인 1876년으로, 조선이 막 개항하였을 무렵이었다. 격동하는 내외 환경에 부응할 단 한 명의 인재라도 절실한 때였다. 그런 시대적 환경 때문에 가문도 잇고 나라의 동량도 키울 겸 양자를 들였을 것으로 추측된다. 이후 이용우는 동부승지同副承旨를 거쳐 1879년 이조참의에 임명되는 등 조정의 고위직을 두루 지냈다. 양자로 들어간 이상설은 그로부터 약 20년 뒤 그의 양아버지가 과거에 지냈던 성균관 대사성에 임명되었다.

　그러나 이상설은 서울로 온 지 수년이 지나고 거듭 역경을 맞는다. 1882년, 임오군란이 일어나던 그해에 친아버지와 양아버지 모두 세상을 떠났다. 불행은 이어져 다음 해에 진천의 친어머니마저도 세상을 떠났다. 이상설은 요즘으로 치면 막 중학교에 입학했을 나이인 14세에 친아버지와 양아버지를 모두 잃고 양가를 책임져야 할 가장이 된 셈이다. 이 무렵 그는 서울과 진천을 오가며 친아버지·양아버지·친어머니의 상

유년기의 가정과 변화하는 세계　　15

을 치렀다. 그때 그는 인생의 덧없음과 함께 구절양장九折羊腸 같은 인간 세상의 고통과 그 의미에 대해 깊이 생각하였을 것이다.

이상설은 친어머니의 3년 상을 치른 뒤, 16세 나이에 달성서씨達城徐氏와 결혼하였다. 부인은 참판參判 서공순徐公淳(1842~1911)의 장녀였다. 서공순徐公淳은 서현보徐玄輔의 아들로, 영의정을 지낸 서당보徐堂輔에게 입양되었으며, 1881년(고종 18) 정시문과에 갑과로 급제하였다. 서공순은 세자익위사에 근무한 뒤, 홍문관 부교리, 사간원 사간, 성균관 대사성, 사간원 대사간, 이조참의, 궁내부 특진관을 지냈고, 1905년 홍주군수를 끝으로 관직을 떠난 인물이다. 이렇게 보면 양아버지 이용우가 1875년에, 장인 서공순이 1890년에 성균관 대사성을 지냈으며, 후일 이상설 자신도 성균관 대사성을 지냈으니 세 사람의 인연이 특이해 보인다. 양아버지와 장인이 관학 유생, 즉 국립학교 학생들의 교육을 책임지는 기관의 장을 지냈으니, 이상설도 그 영향을 적지 않게 받았을 것이다.

고종의 즉위와 조선의 개항

이상설이 신문물을 접하게 된 계기는 조선의 개항과 정부의 개화정책이다. 개항의 주역은 이상설보다 한 세대 앞으로 볼 수 있는 고종과 일군의 관료들이었다.

1863년 철종이 승하한 직후 고종은 12살의 나이로 즉위하였다. 그러나 약 10년간은 어린 국왕을 대신하여 조대비가 수렴청정을 하기도 하고, 아버지 흥선대원군 또한 정사에 큰 영향력을 행사하였다. 새 조정의 국정 운영 방향은 국가 기강의 쇄신과 왕실의 권위 회복, 민심의 위무 등에 맞추어졌다. 밖으로는 청나라와 사대관계를 지속하는 한편, 서양 국가에는 강경한 문호 폐쇄 정책을 폈다.

고종 즉위 직후 조정에서는 임진왜란 때 불에 탄 경복궁을 중건하였으며, 백성에게 원성을 자아냈던 전국의 서원들을 철폐하였다. 이어 천주교를 탄압하여 프랑스 신부와 천주교도들을 처형하였다. 그러던 중 평양의 대동강을 거슬러 올라오던 미국 상선 제너럴셔먼호가 평양 군민에게 불타는 사건이 발생하였으며, 프랑스군이 강화도를 공격하여 강화부를 불태우고 외규장각의 귀중 도서와 각종 보물을 약탈해간 사건인 병인양요도 일어났다. 이후 독일 상인 오페르트가 흥선대원군의 아버지이자 고종의 친할아버지인 남연군의 묘를 도굴하다가 실패한 사건이 발생하였다. 그리고 1871년에는 신미양요, 즉 미군이 강화도를 공격하여 조선군과 격전을 벌이다 물러간 사건도 있었다. 이 과정에서 프랑스도 미국도 조선에 문호 개방을 요구하고 있었다.

한편 일본은 1868년 메이지유신으로 막부가 무너지고 왕정이 복고되면서 대외적 팽창을 지향하였다. 얼마 후 일본이 조선에 보낸 통상요청 문서인 서계書契로 인해 두 나라 사이에 마찰이 발생하였다. 일본은 메이지유신을 알리는 국서를 대마도주對馬島主를 통하여 조선 정부에 전달하고자 하였다. 그 문서에는 황제를 칭하는 문구 '짐' 등이 들어 있었으므로 조선에서는 용납할 수 없다 하여 문서의 접수를 거부하였다. 서계사건書契事件 이후 일본에서는 조선이 일본을 모욕했다 하여 당장 조선을 정벌해야 한다는 정한론征韓論이 거세게 일어났다. 서계사건은 조선의 거부

사이고 다카모리

를 예상한 일본 측의 도발이었던 것이다. 정한론을 주장한 대표적 인물은 사쓰마번 출신의 사이고 다카모리西鄕隆盛였다. 그러나 조선 정벌은 아직 이르다고 생각한 집단과 충돌한 끝에 1877년 일본에서는 소위 서남전쟁西南戰爭이 발발하였다. 그 충돌에서 사이고 다카모리가 패하면서 급진적인 주장은 잠시 가라앉았다. 하지만 정한론 자체가 아주 사라진 것은 아니었다.

이 무렵 서원 철폐령으로 유림에게 원망을 산 흥선대원군이 최익현의 비판 상소를 계기로 종래의 권세를 잃게 되었다. 이제 성년이 된 고종이 직접 정사를 보게 되자 이러한 변화를 간파한 일본이 먼저 움직이기 시작하였다.

1875년 5월 운요호雲揚號 등 일본의 군함 3척이 동래 앞바다에서 함포 사격을 하며 시위를 벌였다. 운요호는 조선의 해안을 측량하면서 함경도 영흥만까지 운항한 후에 일본으로 돌아갔다. 수개월 뒤 이번에는 강화도 앞바다에 운요호가 접근하였다. 강화도를 지키던 조선 병사가 발포하자 일본군은 대포를 발사하며 초지진은 물론 영종진까지 공격하였다. 뭍에 상륙한 일본군은 물자를 약탈하고 인명을 살상한 뒤 일본으로 돌아갔다.

그런데 일본 정부에서는 일장기를 달고 있던 운요호에 대한 조선군의 포격을 문제 삼아 시비를 걸어왔다. 일본은 국기 모독에 대한 책임을 묻는다는 명분으로 전권대표를 파견하였다. 육군 중장 구로다 기요타카 黑田淸隆가 군함과 병력을 이끌고 1876년 1월 강화도에 상륙하여 조선 정부에 조약 체결을 요구하였다. 거부하면 인천과 부평에 병력을 상륙시키겠다고 협박하였다.

조선의 조야에서는 설왕설래하였지만, 조약 체결의 가부를 쉽게 결정할 수는 없었다. 무엇보다도 재야 유생들의 반대가 심했다. 서양의 오랑캐와 다름없는 일본의 요구를 들어주어서는 안 된다는 것이었다. 저들이 바라는 것은 자신들의 기기묘묘한 물건을 우리의 농산물과 바꾸려는 것이니, 교류를 시작하면 서양의 물건이 들어와 우리의 미풍양속을 해칠 뿐 아니라 우리는 농산물이 부족해 굶주리게 될 것이라고 생각하였던 것이다. 이때 최익현은 도끼를 메고 궁궐 문 앞에 엎드려 임금에게 상소하였다. 일본의 요구를 들어주려면 자신의 목을 먼저 치라는 것이었다. 흥선대원군과 대다수 대신들도 일본에 대한 배척을 주장하였다. 그러나 그것은 마땅히 일본을 배척해야 한다는 주장일 뿐 당장 눈앞에 닥친 일본의 무력 위협과 요구에 대응할 수 있는 현실적 대안은 아니었다. 이때 고종의 '멘토' 역할을 하였던 개화파 인물 박규수 등이 개항을 주장하였다. 그는 북학론자였던 박지원의 손자로 일찍이 통상 개화에 관심을 가진 인물이었다.

1873년 흥선대원군이 권세를 상실하고, 고종이 직접 정사를 보면서 대외 개방을 주장하는 이들이 있었다. 박규수와 중인 역관 오경석, 의관 유대치 등이 그들이다. 고종의 대외정책 방향도 기본적으로는 흥선대원군의 폐쇄적 정책과는 달리 문호 개방 쪽을 향하고 있었다.

이때 러시아의 남하를 경계하던 청나라도 조선에 일본과 수교할 것을 권하였다. 청나라는 일본과 조선의 조약 체결이 러시아의 남하를 견제하는 데 도움이 될 것이라고 보았다. '오랑캐로 오랑캐를 제어한다'는 일종의 이이제이以夷制夷 대책이었다.

1876년 2월, 조선 정부는 마침내 일본과 조약을 체결하였다. 이후 조선 정부에서는 미국·영국·독일·이탈리아·러시아·프랑스 등과도 조약을 체결하며 대외 개방 정책을 취하였다. 그런데 이후 조정에서는 근대화의 방향과 속도를 놓고 개화파와 수구파의 갈등이 발생하였고, 청나라와 일본의 경쟁이 겹치는 가운데 임오군란과 갑신정변 등이 이어졌다.

그럼에도 불구하고 조선의 근대화 정책은 일관되게 추진되었다. 1885년 조선에 온 아펜젤러, 언더우드, 스크랜턴 등이 배재학당, 언더우드학당(언더우드 고아원 - 구세학당 - 예수교학당 - 경신학교), 이화학당 등의 사립학교를 세워 신식 학문을 가르치기 시작하였고, 1886년 서울에 육영공원Royal English School 등 관립학교가 설립되었다. 한편 1884년 갑신정변 당시 중상을 입은 민영익을 의료 선교사 알렌이 치료해준 것이 인연이 되어 광혜원(이후 제중원)이 설립되었고, 그곳에서 알렌, 헤론 등이 서양 의술을 보급하였다. 일찍이 전통 유학을 열심히 공부하던 청년 이상설이 그의 벗들과 함께 신학문을 접하게 된 것도 이 무렵이었다.

청년기의 학문과 관직 생활

이상설의 학문과 벗들

이상설은 청소년 시절을 어떻게 보냈을까. 조선의 양반 자제들이 대체로 그러하듯이 이상설도 부지런히 옛 학문을 익혔다. 그것은 과거 준비의 일환이기도 하였다. 처음 이상설에게 한문을 가르쳐준 이는 이제촌李濟村이다. 벽로방碧蘆房이라 이름 붙인 사랑방에서 이상설은 친구들과 함께 수학하였는데, 신동으로 소문났던 그는 학구열이 넘쳤다.

여기에서 주목할 것은 이상설과 이회영李會榮·이시영李始榮 형제의 관계이다. 이회영과 이시영은 이상설과 같은 경주이씨 가문이며, 임진왜란 당시 활약한 오성 이항복의 후손이다. 삼한의 으뜸 가문, 이른바 삼한갑족三韓甲族이라 불리는 명문가의 자손이었다. 이회영의 부친은 이조판서를 지낸 이유승李裕承(1835~1907)이며, 형제 중 둘째인 석영은 영의

김홍집

정 이유원李裕元(1814~1888)의 양자였다. 넷째 회영은 이상설보다 세 살이 많은 벗이었고, 이상설보다 한 살 위인 다섯째 시영은 고종 때 영의정과 총리 등 최고위 관료를 지낸 김홍집의 사위였다. 이처럼 이회영 가문은 예로부터 조정 고관을 많이 배출한 명문가였으며, 고종 대에 와서도 조정 내외 인사들과 교분이 두터웠고, 왕실과도 관계가 깊었다. 이런 배경 덕분에 이회영 형제들은 조정의 상황에 밝았고, 나라의 일에도 관심이 많았다. 이상설 역시 고관을 지낸 양아버지의 영향뿐 아니라 이회영 형제들과 교유를 통해서도 나라 안팎의 일에 관심을 가지게 되었을 것이다.

이상설은 청년으로 장성해가면서 서양의 근대 학문에도 깊은 관심을 기울였다. 이시영의 회고에 따르면 그 무렵 이상설은 이회영·이시영·이범세·서만순·조한평·여규형·여조현·이희종 등의 벗들과 교유하며 면학에 열중하였고, 민형식閔衡植(1875~1947)을 비롯하여 7~8명의 문하생까지 있어서 동문 수학자가 17~18명이 되었다고 한다. 이상설이 16세가 되던 해인 1885년, 이들은 서울 성북구에 위치한 신흥사에서 합숙하며 매일 한문뿐 아니라 수학·영어·법학 등의 신학문을 익혔다. 이에 대해 이시영은 다음과 같은 일화를 전하고 있다.

보재(이상설)가 16세 되던 해인 1885년 봄부터는 8개월 동안 학우들이 신홍사新興寺에서 합숙하면서 매일 과정을 써 붙이고 한문·수학·영어·법학 등 신학문을 공부하였다. 그때 보재의 총명 탁월한 두뇌와 이해력에는 같은 학우들이 경탄을 금치 못하였다. 또한 끈질긴 탐구열과 비상한 기억력은 하나의 기이한 일이었다. 보재는 모든 분야의 학문을 거의 독학으로 터득하였는데, 하루는 논리학에 관한 어떤 문제를 반나절이나 풀려다가 낮잠을 자게 되었는데 잠 속에서 풀었다고 깨어서 기뻐한 일이 있다.

- 윤병석, 『증보 이상설전』, 12~13쪽

이상설과 그의 동료들은 신학문에 대한 학구열이 대단하였다. 정부의 정책으로 서울에 육영공원이 등장하고 헐버트Homer B. Hulbert(1863~1949) 등의 서양인들이 신교육을 펼치게 된 점, 같은 시기에 조선에 부임한 아펜젤러, 스크랜턴, 언더우드 등 서양 선교사들이 의료 선교 활동을 한 점 등이 신문학에 대한 이들의 관심을 높이는 데 적지 않은 영향을 주었을 것이다. 그 밖에도 조선과 미국과의 수교, 서울 정동에 등장한 서양 각국의 공사관과 영사관을 통해 접한 서양 문물도 큰 영향을 끼쳤을 것이다.

당시 조선에서 외국어는 서구 문물 수용의 도구였고, 서양의 과학은 나라의 근대화와 산업화를 위해 절실한 것이었다. 고종과 대신들, 신지식인들은 이에 대한 관심이 높았다. 그러나 전국의 유림은 그 중요성을 미처 몰랐고, 그 때문에 서구 문화의 수용을 반대하였다. 이들의 대부분은 1905년 무렵이 되어서야 신학문의 중요성을 깨달았으며, 그제야 신식 학교 설립을 서둘렀다. 만일 20여 년 전인 1880년대에 이러한 노력을 기울였다면 조선의 근대사는 크게 달라졌을 것이다.

이상설은 남다른 학문적 열정과 함께 연이은 부모님 상으로 인해 건강이 많이 상했다. 주위의 권고로 17세 때인 1886년에 학업을 일시 중단하고 강원도에 가서 1년 동안 건강을 추스르고 서울로 돌아왔다. 이 무렵 장동에서 저동의 저택으로 이사하였는데, 그곳은 현재의 명동 성모병원 부근으로, 이회영의 집이 이웃에 위치해 있었다.

여기에서 자세히 살펴볼 점은 정부의 신문물 수용정책의 일환으로 조선에 초청된 헐버트, 벙커, 길모어 등과 이상설을 포함한 청년들의 관계이다. 헐버트가 육영공원에서 조선의 학생들에게 서양의 신학문을 가르칠 때, 이상설은 10대 후반과 20대에 걸쳐 영어·프랑스어·러시아어 등을 열심히 익혔으며, 동료들과 수학·물리·화학·경제학·국제법 등을 공부하였다. 이때 이상설을 비롯한 여러 청년들은 헐버트 등과 일정한 유대관계 속에서 신학문을 익혔을 것으로 추측된다.

아울러 이상설과 조정구趙鼎九·조완구趙琬九 등 풍양조씨 가문 인사와의 인연도 주목된다. 조정구는 고종의 매부이자 흥선대원군의 사위이며, 조정구의 딸은 이회영의 며느리가 되었다. 후일 고종의 헤이그특사 파견 당시 고종의 비서감 직을 수행하던 조남승과 조남복은 조정구의 아들로, 이들은 특사 파견을 위해 궁중과 궁 밖의 연락을 도왔다. 조정구는 고종의 망명에 대비해 북경에 거처를 마련해두기도 하였다. 조정구의 사촌동생인 조완구는 이상설보다 약 10살쯤 손아래 인물인데, 1917년 우수리스크에서 이시영과 함께 이상설의 임종을 지켰다. 그리고 이상설의 전기를 처음으로 쓴 사람도 조완구이다.

과거 합격과 관직 생활

이상설이 과거에 합격한 것은 25세 때인 1894년(고종 31)이다. 그 과거는 조선에서 치러진 마지막 과거였는데, 당시 나라 안팎의 사정은 매우 혼란스러웠다. 이상설이 과거에 합격한 후 불과 몇 개월이 안 되어 동학도가 봉기하고 청일전쟁이 발발하였다. 그는 국정이 혼란한 가운데 한림학사·세자시독관·비서원랑 등 여러 관직을 스쳐갔다.

1895년에는 명성황후 시해사건과 단발령으로 궁중 안팎이 더욱 어수선해졌다. 개혁을 추진하던 김홍집 내각은 1896년 1월에 이상설을 성균관 교수 겸 관장에 임명하였다. 당시 학부협판의 자격으로 교육 분야 개혁을 수행한 인물은 윤치호였다. 그는 매우 혼란스러웠던 당시에 10년 동안 해외에서 유람 겸 유학을 마치고 돌아온 인물이었다. 일본·중국·미국 등지를 두루 유학한 그는 이 어지러운 시기에 자신에게 보람이 있다면 조선의 낡은 교육제도를 새롭게 고친 일이라고 하였다. 그와 이상설의 관계가 어떠하였는지는 알 수 없지만, 이들이 신구 학문의 적용과 폐기를 두고 함께 고민하는 입장이 아니었을까 짐작된다.

이듬해인 1896년 2월 11일, 고종이 일본의 위협에서 벗어나고자 러시아공사관으로 피신하는 사태, 즉 아관파천이 일어났다. 그 와중에 이상설은 한성사범학교 교관과 탁지부 재무관에 임명되었다. 그가 10대 중반부터 20대 중후반에 걸쳐 전통 유학 외에 서양의 신학문을 열심히 연마하고 지식을 쌓았기에 가능한 일이었을 것이다. 한성사범학교는 소학교 교사 양성을 위해 1895년 4월 정부에서 설립한 우리나라 최초의 근대식 학교이다. 요즘으로 치면 초·중등 교사를 양성하는 국립사범대학이다. 본과와 속성과를 두었고, 수업 연한은 각각 2년과 6개월이었으며, 심상과와 고등과가 설치된 수업 연한 3년의 부속소학교가 있었다. 입학 자격은 본과는 20~25세, 속성과는 22~35세로 규정하였으며, 정원은 본과 100명, 속성과 60명이었다. 직원은 학교장 1명, 교관 2명 이하, 부교관 1명, 교원 3명 이하, 서기 1명을 두었는데, 교관은 생도의 교육을 담당하고 부교관은 이를 보좌하며, 교원은 부속소학교의 아동을 가르치도록 규정하였다. 본과의 교과목은 수신, 국어 및 한문, 교육, 역사, 지리, 수학, 물리, 박물, 화학, 습자, 작문, 체조 등이 있었다. 속성과에서는 수신, 교육, 국문 및 한문, 역사, 지리, 수학, 이과, 습자, 작문, 체조 등을 강의하였다. 1895년 7월에 한성사범학교 규칙이 공포되었다. 1899년에는 본과의 수업 연한을 4년으로 연장하는 등 제도를 정비하였지만, 20~30명밖에 수용할 수 없는 협소한 교실, 한문에 치우친 교육과정, 부실한 소학교 운영 등 실제의 교육 내용 및 학교 운영의 부실로 점차 유명무실해지고 말았다. 1906년에 공포된 '사범학교령'에서는 수업 연한 3년의 본과 외에 1년 이내의 과정인 예과, 속성과 및 강습과를 두면서 사립사범학교의 설립을 일체 불허하는 방침을 세웠다.

이때 사범학교의 설립 주체를 국가로 규정함에 따라 한성사범학교에 대한 정부의 관심이 높아졌다. 통감부가 점진적인 동화정책으로 관립·공립보통학교를 다소 확장하자, 그에 대한 대항 조처이기도 하였다. 특히 본과와 속성과 학생들에게는 학비를 지급하였고, 전원을 기숙사에 수용하였다. 또, 졸업 후에는 취직이 보장된다는 조건도 내세웠다. 한마디로 국비 장학생이었다. 그래서 다른 관립학교나 공립학교에 비하여 지원자 수가 많았다. 이들 졸업자들에게는 의무 복무 기한이 있었는데, 보통학교 본과 졸업생은 6년 동안, 속성과 졸업생은 2년 동안 복무하는 것으로 규정하였다. 한성사범학교는 1911년 일제의 식민교육 정책에 의해 조선교육령이 공포되자 관립 경성고등보통학교의 사범과 또는 교원 속성과로 전환되었다.

이상설이 사범학교에서 선진적인 교육제도를 경험한 것은 후일 한성사범학교 교관이 되어 수학을 가르친 아우 이상익李相益에게도 중요한 영향을 미쳤다. 이상설이 간도의 용정으로 가서 사재를 털어 서전서숙을 설립하고, 교사와 학생들을 유치하여 만주의 한인 학생들에게 신교육을 시작한 것이나, 그와 그의 아우가 각기 초·중등용 근대식 수학 교과서를 저술하여 교육한 것 등의 신교육 활동도 이런 인연과 관련이 있다.

그러나 청일전쟁 이후 일본의 내정 간섭이 끊이지 않고, 이후 각종 사건이 점철되면서 이상설의 관직 생활은 오래가지 못하였다. 그는 한성사범학교의 교관직을 사임하였다. 이 시기에 이상설은 다시 학문에 몰두하였다. 그는 이회영과 이시영 형제, 이동녕, 이범세, 그리고 육영공원 교사였던 헐버트 등과 관계를 지속하며 학문적으로 더욱 성숙해갔다. 그 결과 이상설은 유학은 물론 신·구 학문과 동·서양사를 더욱 깊이 이해하게 되었다. 후일 이상설과 헐버트가 고종의 명을 받아 헤이그특사로 함께 활동한 데는 두 인물에 대한 고종의 신뢰와 더불어 1880년대와 1890년대에 걸쳐 맺어진 두 사람의 인연이 중요한 작용을 하였다고 하겠다.

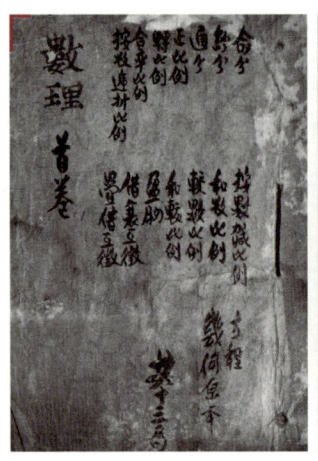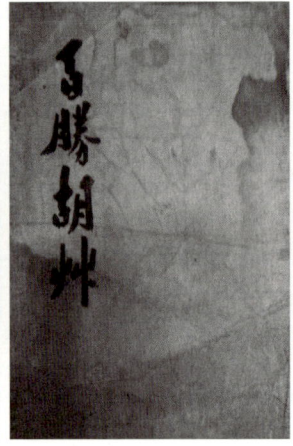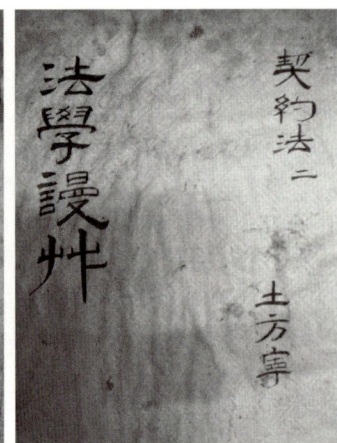

「수리」, 「백승호초」, 「법학만초」

　　1896년 서울에서는 정부와 서재필의 협력으로 『독립신문』이 발간되었으며, 독립협회의 애국계몽운동이 활발하게 펼쳐지기 시작하였다. 다른 한편 러시아공사의 역할이 두드러졌고, 일본·미국·영국·프랑스 등 각국 외교관의 활동도 눈에 띄었다. 더구나 민영환이 고종의 명을 받고 나라의 군사와 재정에 관한 지원을 구하고자 러시아 황제의 대관식에 특사로 파견되었는데, 그가 러시아에 다녀온 직후로는 사회 분위기가 많이 바뀌고 있었다. 이상설과 이시영은 관직 생활을 통해 조정의 분위기를 비교적 잘 파악할 수 있는 상황이었다. 그러나 조정의 중견 관료였던 이들은 서재필·윤치호 등 재야 독립협회의 주요 인물들과 직접적인 교류나 적극적 협력 관계를 갖는 대신 수학·화학·법학·물리학·식물학 등 서양의 새로운 학문을 습득하고 외국어를 익히는 데 전념하였다.

과거시험 답안과 '지어지선론'

청년기 이상설은 어떠한 사상을 가지고 있었을까. 이상설이 이회영·이시영·이범세·여규형 등 학우들과 서울 정릉의 신흥사에서 합숙하며 신학문을 수학하던 무렵, 서울에는 정부의 신문물 수용 정책에 따라 육영공원이 들어서고, 영어와 프랑스어 등의 외국어, 서양의 수학·지리·법학 등의 교육이 막 도입되었다. 앞에 언급했듯이 1894년 이상설은 25세의 나이로 조선 최후의 과거인 갑오문과甲午文科 병과丙科에 급제하였다. 이때 그의 학문은 상당한 경지에 올라 있었다.

영재寧齋 이건창李建昌(1852~1898)은 이상설이 율곡 이이李珥를 이을 대학자라는 내용의 편지를 보내 격려하였다. 그는 편지에 "진실로 뒷날에 이상설이 대성하고 크게 발전할 것을 누가 막지 않는다면 율곡의 도가 행해질 것이다. 그것은 나라의 부강이 될 것이요, 백성의 복지가 될 것이요, 선비의 영화가 될 것이다. 어찌 이상설 혼자에게만 다행이라고 하겠는가!"라고 썼다.

이상설은 27세 때 갑오개혁 직후 개편된 성균관의 교수 겸 관장을 지냈다. 이는 그가 전통 유학에 조예가 깊었음을 보여준다. 얼마 후 이상설은 영남의 유학자로 소문난 이승희李承熙와 성리학에 관한 토론을 하였는데, 두 사람은 성리학의 심오한 이론은 물론 주자朱子의 미혹한 점까지도 논하였다. 후일 두 사람은 이상설이 헤이그특사로 파견된 이후 블라디보스토크에서 다시 만나 독립운동 기지 설립을 위해 협력하였다. 두 사람의 만남에 대해서는 "구학문에는 박학다식하고 천리를 꿰뚫어 구

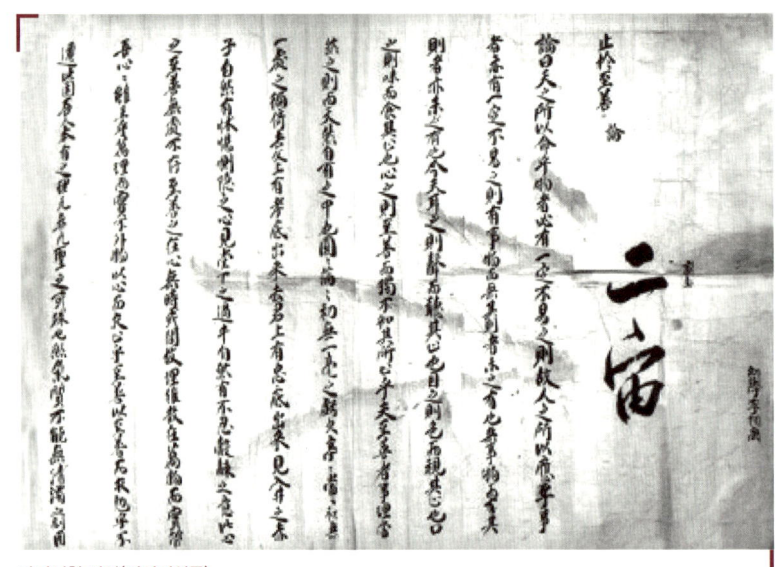
과거시험 답안(지어지선론)

경백가九經百家를 말하듯이 암송하였다. 선생(이승희)을 대할 때는 항상 성리학을 강설하였고, 그 류類가 대개 부합하였으므로 더불어 토론을 벌여 타향살이의 괴로움을 잊기에 이르렀다"라는 기록이 있다. 또, 임정 요인의 한 사람인 조완구는 『이상설전李相卨傳』에서 "유학의 이론에는 깊이가 있고, 불교의 경전에도 깊은 조예가 있었다"라고 밝혔다.

젊은 시절 이상설의 사상을 엿볼 수 있는 자료에 그의 과거시험 답안지인 「지어지선론止於至善論」이 있다. '지어지선止於至善'은 『대학大學』의 경문經文 제1장의 첫 문장인 "대학지도大學之道, 재명명덕在明明德, 재신민在新民, 재지어지선在止於至善"에 나오는 구절로, 소위 삼강령三綱領의 하나이다. 인간의 당연한 도리를 체득하여 그것을 벗어나지 않으려고 최선의 노력을 다한다는 의미이다. 이에 대하여 이상설은 다음과 같이 이론을 펼쳤다.

하늘과 땅이 만물에게 명령을 내린 까닭은 반드시 변하지 않는 일정한 법칙이 있기 때문이다. 그러므로 사람이 모든 일에 응대하는 까닭도 역시 변하지 않는 일정한 법칙이 있기 때문이다. 만물과 모든 일이 있음에도 불구하고 그 법칙이 없는 경우는 존재하지 않는다. 반대로 만물과 모든 일이 없음에도 불구하고 그 법칙이 있는 경우도 역시 존재하지 않는다.

이상설은 하늘이 인간과 만물에게 살아가는 법칙을 제시하였으니, 법칙 없는 사물은 존재할 수 없고, 존재하지도 않는다고 주장하였다.

무릇 귀의 법칙은 소리를 듣는 것이므로 듣는 것이 그 머무를 곳이다. 눈의 법칙은 모양을 구별하는 것이므로 보는 것이 그 머무를 곳이다. 입의 법칙은 맛보는 것이므로 먹는 것이 그 머무를 곳이다. 마음의 법칙은 지선至善이므로 홀로 그 머무를 곳을 알지 못한다.
지선은 인간이 태어날 때부터 가지고 나온 것으로 모자람도 없고, 한쪽으로 기울어지거나 치우침도 없다. 마음의 지선은 시간과 장소를 가리지 않고 존재한다. 그것은 선천적으로 인간에게 주어진 것이기 때문이다. 그렇다면 마음은 어떻게 갈고 닦을 것인가. 이치는 만물 속에 흩어져 존재하지만 실로 내 마음을 주관하고, 마음은 비록 만 가지 이치를 주재하지만 실제로는 밖에 있는 것이 아니다. 마음으로써 지선에 머무름을 구하고,

달아나지 않도록 지선으로써 힘써 구해야 한다. …… 한숨만 쉬며 아들 노릇하려는 자는 불효하는 것이요, 그렇게 신하 노릇 하려는 자는 불충하는 것이다. 마음이 미혹되어 본성을 잃어버리고, 무턱대고 행동하거나 허망한 지식을 추구하는 자는 진실로 도를 체득하기에는 부족하다.

이는 이상설이 유자儒者의 실천적 임무에 대한 견해를 밝힌 것이기도 하다. 다만 실천을 잘하기 위해서 그는 위에서처럼 학문과 사물에 대한 이치 연구를 강조하였다.

지선에 머무르려고 공들이는 것이 유학자들이 해야 할 급선무이며, 공자의 문도들이 마음에 새겨야 할 바다. 격물格物과 궁리窮理로써 지식에 이르고자 하는 자는 사물의 궁극적 법칙을 구하고, 마음을 밝혀 지선의 경지에 닿아야 한다.

이상설은 만물은 저마다의 지선이 있고, 동시에 만사는 하나의 지선으로 수렴되며, 지선의 법칙은 중단 없이 이어져 있다고 보았다. 우리가 공부를 해서 이루어야 할 최고의 경지도 지선에 머무르는 것이라고 하였다. 이와 같이 지선에 머무르는 것이 유학자의 최고 경지임을 깨닫고, 그렇게 되려고 노력해야 한다는 것이 그가 주장한 지어지선론의 요지이다. 지어지선론은 현대인들에게는 난해하지만, 조선 시대 유자로서 수련한 20대 중반의 청년 이상설의 학문과 사고 수준을 가늠할 수 있는 주요 문장이다.

격동하는 나라 안팎의 정세와
이상설의 서양 학문

청일전쟁과 격동하는 조선

이상설은 갑오개혁 당시와 아관파천 이후 거듭 조정의 부름을 받아 관직 생활을 하였지만, 격동하는 국내외 정세 속에서 많은 파란을 겪었다. 그것은 주로 청일전쟁의 여파였다.

1894년 초 전라도에서는 한 지방관의 탐학에 분노하여 농민이 봉기하였다. 농민군에 동학도가 가담하면서 사태는 점차 전국적으로 번져 갔다. 농민군이 전주성을 점령하자 조정에서는 의견이 분분하였다. 이때 일본 측은 조선 조정에 동학군을 진압하려면 청군을 차병해야 한다고 주장하는 한편, 청나라 측에도 조선에 대한 파병을 은근히 권유하였다. 일본의 우익 세력의 일부는 전봉준 등 동학농민군 측에 접근해 이들을 의군이라고 치켜세우면서 협력하겠다고 자청하였다. 당시 청나라는 조선 사태에 열국이 간섭할 것을 우려하고 있었다. 그러던 차에 동학농민군의 기세에 놀란 조선 정부에서 동학군 진압을 위한 병력 파견을 요청해 왔으므로 마침내 조선에 파병하였다.

기회를 엿보던 일본은 청나라의 파병 정보를 접하자, 천진조약을 구실로 일본군의 파병을 즉시 결정하였다. 청군이 아산이 집결해 있을 때 인천에 상륙한 일본군은 서울로 진격하였다. 곧이어 광화문을 경비하고 있던 조선군을 축출한 뒤, 경복궁으로 쳐들어가 국왕의 신변과 조정을 장악하였다. 이어 일본군은 아산만에 있던 청군에게 선제공격을 가하였다. 그 직후 일본은 조선에 조일잠정합동조관朝日暫定合同條款을 강요하며 조선에 대한 전쟁 도발을 조선군과 일본군의 광화문 앞 충돌사건 정도로 축소하고 불문에 붙이게 하였다. 국제법적 분쟁의 소지를 없애려는 조치였다. 그 다음 날 일본은 청나라에 선전포고를 하고, 이후 조일맹약朝日盟約을 강요하여 일본은 청나라를 상대로 한 전쟁에서 조선을 동맹국으로 만들었다. 청일전쟁은 일본의 일방적인 승리로 끝났다. 이후 청·일 사이의 강화로 시모노세키조약이 체결되었고, 청나라는 일본에 대만과 팽호도, 요동반도 등을 할양하였다.

이후 사태는 전혀 다른 상황으로 치달았다. 거문도사건(1885~1887)의 여파로 1891년 시베리아횡단철도 착공을 서둘렀던 러시아는 일본의 요동반도 확보가 철도를 완공하는 데 치명적인 위협임을 감지하고 기민하게 대응하였다. 그 결과 도쿄 주재 러시아·프랑스·독일 세 나라의 공사는 일본의 요동반도 반환을 촉구하는 본국 정부의 훈령을 동경의 외무성에 전하였다. 이것이 삼국간섭이다. 일본은 미국·영국·이탈리아 등에 지원을 호소하다 무산되자 결국 삼국의 요구에 굴복하였다.

일본이 요동반도 반환을 천명한 직후 서울에서도 러시아공사 등이 조선에서 독단적 행동을 일삼던 일본공사의 행동을 성토하였다. 그에 발맞추어 조선 궁정의 분위기가 돌변하였고, 명성황후는 그동안 조선 조정을 좌지우지하였던 이노우에 가오루井上馨 일본공사를 힐책하였다. 조선에 대한 보호국화, 즉 식민지화를 추진하던 이노우에 가오루는 사태가 여의치 않자 일본으로 귀국하였다. 그는 내각회의에 참석한 뒤 조선으로 돌아왔고, 얼마 후에 후임 공사로 예비역 육군 중장 미우라 고로三浦梧樓가 부임하였다. 그로부터 한 달여 뒤 미우라 고로는 서울에 머물던 일본군, 영사 경찰, 신문기자, 낭인배 등을 총동원하여 경복궁을 기습하였다. 명성황후는 건청궁 내에서 일본의 군경에게 피습된 뒤 녹원 숲에서 시신도 불태워졌다. 당시 현장 근처에서 사태를 목도한 외국인이 있었는데, 미국인 교관 다이 장군, 러시아인 건축기사 사바틴 등이었다. 그들을 통해 사건의 내막이 해외 언론에 보도되자, 많은 사람들이 경악하였다. 그러나 일본공사는 이 사건과 일본군은 무관하며 흥선대원군과 조선군 훈련대의 범죄라고 위증하였다. 이듬해 초 히로시마 예심재판소에서는 일본인 범죄 관련자 48인을 모두 무죄 방면하였다.

명성황후 피살 이후 조선은 혼란에 빠졌다. 조선의 관료와 서양 선교사, 외교관들이 고종을 경복궁에서 탈출시키려다 실패한 춘생문春生門 사건 이후, 고종은 더욱 위험에 처하게 되었다. 얼마 후 단발령 공포로 의병운동이 전국으로 확산되는 가운데 아관파천, 즉 고종과 왕태자가 경복궁을 탈출하여 정동의 러시아공사관으로 피난한 사건이 있었다.

러시아공사관(19세기 말)

아관파천 직후 새 내각은 잠시 중단되었던 개혁을 다시 추진하였다. 강제 시행으로 파란을 일으킨 단발 문제는 각자의 자율에 맡겼으나, 태양력을 포함하여 갑오개혁 당시 추진되었던 대부분의 개혁안은 그대로 시행하였다. 정국이 바뀌고 내각 인사들은 교체되었지만 근대화를 향한 움직임은 지속되었던 것이다.

이후 관심 있게 보아야 할 사건은 『독립신문』 창간과 독립협회 창립이다. 갑오개혁 당시 유길준 등은 미국에 망명했던 서재필을 영입하여 신문 간행 사업을 추진했었다. 그러나 일본공사가 방해하면서 서재필은 암살 위협까지 받았다. 그 같은 상황이 계속되었다면 신문 발간 사업은 좌초되었을 것이다. 하지만 아관파천 이후 상황이 바뀌면서 새 내각은 신문 간행 사업을 이어갈 수 있었다.

마침내 1896년 4월 7일 한국 최초의 한글 신문인 『독립신문』이 창간

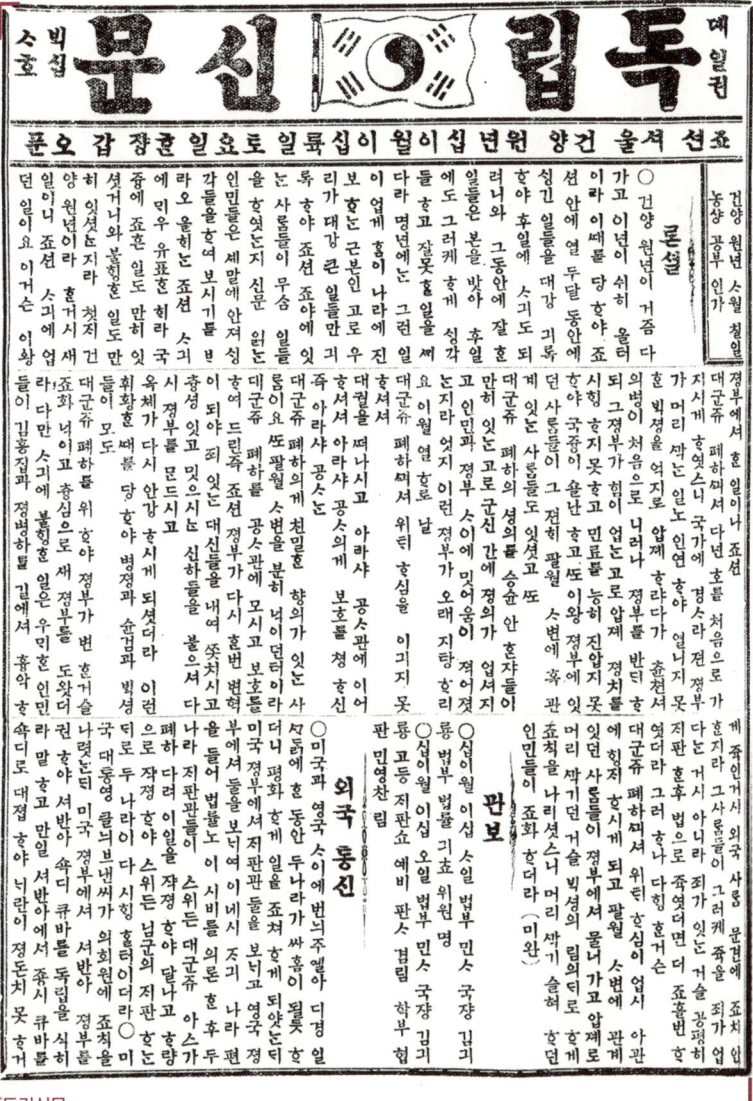

「독립신문」

서재필

되어 나라의 독립과 개인의 자유 및 권리의 중요함을 전파하였다. 다른 한편으로는 관료의 부정을 감시하고, 국민들을 계몽하였다. 영문판도 간행하여 조선의 사정을 외국인들에게 전하였다.

7월 4일 창립된 독립협회는 관료와 지식인 단체로 출발하여 일반 국민까지 수용하는 단체로 확대되었다. 독립문 건립을 시작으로 하여 국권 자주의 중요성과 함께 자주독립 의식을 일반에 널리 환기하였다. 독립협회의 주요 운동은 자주독립·자강개혁·자유민권으로 요약된다.

고종과 새 내각은 독립협회를 적극 후원하였다. 관료와 일반 국민들을 대상으로 자주독립 의식을 환기할 때만 해도 고종은 독립협회에 호의적이었다. 그러나 독립협회의 관심이 계몽운동과 열강의 이권 문제를 넘어 국가체제와 정부 조직에까지 확대되자, 정부와의 마찰이 일어났다. 게다가 내외 세력의 협잡 때문에 고종은 독립협회에 대한 의심을 떨쳐버리지 못하였다. 독립협회는 관료의 실정을 비판하며 정부의 적극적인 개혁을 요구하였다. 서울에서 정부 관료, 도시민, 각국 외교관들이 운집한 가운데 관민공동회를 열고 '헌의6조'를 황제에게 올렸다. 이때 고종은 '헌의6조'를 수용하여 중추원을 의회로 개편하고자 하였다. 놀라운 변화였다. 한국사상 처음으로 의회가 등장하고, 입헌군주제의 가능성이 보였다. 그러나 독립협회가 황제를 폐위하고 공화국을 세우려 한

독립문

다는 출처 불명의 익명서가 등장하면서 사태를 파국으로 몰고 갔다. 이 일로 고종은 독립협회 해산과 간부진 체포를 명하였다. 서울에서는 독립협회 회원과 정부를 지지하는 황국협회 및 보부상 사이에 시가전이 벌어졌다. 정부에서는 각국 공사의 반응을 탐문한 뒤 무력을 동원하여 만민공동회를 해산하였다. 의회 설치 운동의 막바지 단계에서 독립협회는 막을 내렸고, 얼마 안 되어 『독립신문』마저 폐간되었다.

서울에서 이 모든 과정을 지켜보았을 이상설과 그의 동료, 지인들은 어떤 생각을 했을까. 이에 대한 구체적인 기록이 없어 매우 아쉽다. 하지만 다른 여러 기록을 통해 볼 때 당시에 그는 조정 관료로서 미래의 국가 경영을 위한 각종 법률과 정치제도 등을 깊이 연구한 것으로 드러난다. 이처럼 법률과 제도, 국제법과 과학 등에 대한 그의 관심을 환기한 계기는 대한제국 등장과 정부 시책이었다.

고종의 황제 즉위와 대한제국 선포

고종은 러시아공사관에서 1년간 정사를 보았다. 당장 환궁하여 자주독립을 확립하라는 관민의 상소가 많았지만, 목전의 문제는 군주의 신변 불안이었다. 고종과 조정은 특사 외교를 모색하였다. 모스크바에서 열린 러시아 황제 니콜라이 2세의 대관식에 민영환을 특사로 파견하여 러시아 측과 군사 및 재정 지원에 관한 협상을 추진하였다.

이때 러시아는 청나라 및 일본과 비밀 협약을 추진하고 있었는데, 조선의 요청은 러·일이 맺은 의정서의 내용과 상충했다. 그 결과 러시아 정부에서는 푸탸타 대령 외 13명의 군사 교관만을 조선에 파견하였다. 이들 러시아 교관은 서울에 부임하여 약 800명의 조선군 궁궐 경비병을 불과 3개월 만에 양성하였다. 이때 고종의 명으로 정동의 옛 경운궁 터가 새로운 궁궐의 모습으로 정비되었다.

1897년 2월 20일 마침내 고종은 러시아공사관을 나와 정동의 경운궁으로 거처를 옮겼다. 그 직후 조야에서는 대군주 폐하를 황제로 칭하고 연호를 새로 세우자며 칭제건원을 요구하는 상소가 올라왔다. 우리도 자주독립국임을 내외에 선언하자는 것이었다. 이에 정부에서는 조선 왕조 500년 동안 전무했던 일을 추진하였다. 고종의 황제 즉위와 대한제국 선포가 그것이다.

그러나 반대도 있었다. 일부 유생들은 소중화小中華의 나라에서 황제를 칭하고 제국을 선포하는 것은 망자존대妄自尊大, 즉 망령되이 스스로 높이려는 것이라고 비판하였다. 보수 유생들에게 중국은 대국이었고,

조선은 여전히 소국이자 소중화였기 때문이다. 반대하는 사람들 중 또 다른 축은 일부 신지식인으로 황제 즉위와 제국 선포는 서구 열강 어디도 알아주지 않을 조치일 뿐 당장 예산 집중이 필요한 곳은 교육과 산업 등 나라의 근대화라는 입장을 보였다.

이때 동도서기東道西器의 입장을 취하던 중도적 지식인들은 청일전쟁 이래 크게 실추된 국가의 체모와 군주권의 회복, 전 국민의 사기 진작과 자주독립 의식의 환기를 위해 고종의 황제 즉위와 제국 선포가 최선책이라고 하였다. '황제가 없다면 독립도 없다'는 것이 일반인의 생각이므로 고종이 황제로 즉위하여 자주독립의 뜻을 확고히 표명하고 대외에 선포하자고 하였다.

고종과 관료들도 칭제건원을 희망하였다. 일본군의 경복궁 습격과 명성황후 시해사건, 아관파천 등을 겪으면서 추락한 나라의 자존심과 군주의 위상 회복이 필요하다고 여겼다. 그해 8월 고종은 연호를 광무光武로 정하고, 10월에는 소공동의 환구단圜丘壇에서 하늘에 고하고 황제로 즉위하였다. 고종은 경운궁에서 백관의 하례를 받고, 나라 이름을 대한大韓으로 선포하였다. 대한은 삼한을 합친 큰 한이라는 뜻으로 마한·진한·변한뿐이 아니라 삼한을 이은 고구려·백제·신라 등을 모두 합친 '큰 한'이라는 의미이다. 이후 대한제국은 1910년까지 유지되었고, 경운궁과 정동 주변은 약 10여 년 동안 대한제국 역사의 주요 무대가 되었다.

대한제국 선포 이후 정부는 관보와 『독립신문』 등을 통해 고종의 황제 즉위와 대한제국 선포 사실을 내외에 알렸다. 러시아·프랑스 등이 대한제국을 적극 승인, 축하하였고, 일본·미국·영국 등도 뒤이어 승인하

환구단

였다. 청국 황실에서는 함부로 스스로를 높였다고 하여 대한제국을 승인하지 않았다. 그러나 1899년 마침내 대한제국 황제와 대청국 황제의 이름으로 '한청통상조약'을 체결하였다. 조선 건국 이래 500여 년 만에 대중국 사대관계를 공식적으로 청산한 셈이었고, 병자호란 이래 250여 년 만에 청나라와 대등한 관계로 조정된 분기점이었다.

이후 정부에서는 대한제국의 체제 정비와 근대화를 위한 각종 정책을 추진하였다. 이때 추진된 정책은 갑오개혁 당시 그리고 아관파천 당시 추진한 개혁의 흐름과 대체로 방향이 같았다. 조금 다른 점을 찾자면 갑오개혁 당시에는 내각에 힘을 실어준 반면, 이번에는 황제를 국가 정책 운영의 중심에 두고 "옛것을 참고하여 새것을 수용한다"라는 구본신참舊本新參을 주요 표어로 삼았다는 것이다.

정부에서는 국가체제를 우선 정비하였다. 정부에서는 오랜 시간과 인력을 들여 『대한예전』·『증보문헌비고』 등을 편찬하여 나라의 전례를 정비하였다. 동시에 '대한국국제'를 제정하여 대한은 세계만방이 공인한 자주독립국이며, 황제가 군통수권·입법권·행정권·사법권 등 전권을 가진다고 밝혔다. 이어 원수부를 설치하여 황제가 대원수로서 군대를 통솔하고, 표훈원에서는 나랏일로 희생된 관료와 장병을 기리고자 장충단 등을 건립하였다.

다음으로는 벨기에·스위스·덴마크 등과 외교 관계를 맺고, 파리박람회 참가와 만국적십자사 가입을 통해 대한제국을 해외에 알렸다. 그리고 유민원綏民院(수민원)을 신설하여 민영환이 총재로서 하와이 이민 사업을 추진하였다. 이 사업은 오늘날 하와이와 미주, 유럽 등지에 거주하는 해외 교포의 시발점이라고 볼 수 있으며, 한국인이 세계무대로 진출하는 길을 터놓은 역할을 하였다. 그 외 울릉도·독도·간도 등 나라의 영토에 대한 행정 조치도 취하였다.

그리고 정부에서는 각종 산업화 정책을 추진하였다. 내장원內藏院이 황실 재정을 관리하면서 핵심 기관으로 떠올랐다. 황제가 강력히 추진한 정책 중의 하나는 양전지계 사업으로, 토지 측량(양전)과 증명서(지계) 발급으로 토지 제도를 새로이 정비하고자 하였다. 그 외에도 섬유·철도·운수·광업·전기·자기·은행 등 각 분야의 공장과 회사 설립을 장려하였다. 또, 광무학교, 육군무관학교, 상공학교, 관립 외국어학교 등을 설립하여 새로운 사회에 필요한 인재를 양성하였다.

이상과 같은 정부의 시책은 산업 구조의 전환을 꾀한 것이었다. 이러한 일련의 사태를 보면서 이상설은 어떠한 생각과 활동을 하였을까. 기록을 보면 그는 여러 명사들과 교유하면서 외국의 신간 서적을 구입하여 깊은 관심을 가지고 있던 정치 제도와 국제 간 법률·수학·과학·식물학 등을 연구하거나 그 방면에 대해 저술 활동을 한 것으로 드러난다. 그러나 정부의 산업화정책과 신진 관료의 경륜은 러일전쟁 이후 황제와 관료 집단이 무력화되면서 더 이상 펼치기 어려워졌다. 이상설의 신학문 역시 헤이그특사 파견과 그 이후의 독립운동으로 인해 널리 뜻을 펼칠 기회가 없었다.

수당고택과 이상설의 저술

관직 생활 초기부터 러일전쟁이 일어나기까지 약 10년 동안 이상설이 시국을 어떻게 바라보았고, 그에 대해 어떤 생각을 하였는지 구체적으로 알 수는 없다. 『고종실록』에 나오는 그에 대한 기사는 15건에 불과하다. 중견 관료 시절이었으므로 그의 행적이 실록에 구체적으로 기록되기는 어려웠을 것이라고 짐작할 수 있다. 아울러 그는 관직자로서 조심스럽게 처신하고 행동하였다고 판단된다. 그런 사정을 고려하더라도 조정에서 추진된 각종 시책과 관련하여 그의 이름이 언급되는 경우가 있었을 터이나 헤이그특사 건으로 인해 그에 대한 기사가 대폭 축소된 것이 아닐까 추측해본다.

분명한 것은 그가 조정 중신의 집안에서 자랐고, 서양 학문에 관심이 많았다는 점이다. 시대의 격동 속에서 서구 문물을 수용해 나라의 발전에 도움이 되자는 생각이 간절하였을 것이다. 물론 욱일승천하고 있는 이웃 나라 일본을 따라잡고자 하는 의욕도 적지 않았을 것이다.

이런 추론을 입증하듯 이상설이 남긴 서적의 일부가 발견되었다. 『수리數理』·『백승호초百勝胡艸』·『법학만초法學蔓艸』 등이 그것이다. 이 저술들의 일부는 전래의 학문 위에 서양의 학술을 소화하여 직접 저술한 것이지만, 또 일부는 일본과 중국을 통해 구한 서양의 책들을 그가 번역하거나 내용을 덧붙인 것이다. 최근 들어 수학·화학·법학·교육·철학·역사 등 각 분야의 전문가들이 다양한 연구를 추진하여 이상설이 남긴 저술에 대한 평가를 나름대로 진행하고 있다.

이들 서적과 복사본은 현재 충청남도 예산군 대술면에 위치한 수당고택修堂古宅과 한국학중앙연구원, 국사편찬위원회, 국회도서관 등에 소장되어 있다. 그중 수당고택은 수당修堂 이남규李南珪(1855~1907) 선생의 고택으로, 1637년에 처음 건립되었으며 1846년에 중건되었다. 수당기념관의 이문원 관장(전 중앙대 교수)이 선친 이승복 선생에게서 생전에 직접 들은 이야기에 따르면 이상설의 저술이 수당고택에 소장된 내력은 이러하다.

수당 이남규는 선조 때 영의정을 지낸 이산해의 후손이다. 그는 김택영·황현·이건창 등과 함께 근대의 4대 명문장가로 꼽힌다. 그의 문하에 단재 신채호를 비롯하여 이장직·강기선·변영만 등 출중한 문사들이 출입하며 배웠다고 전한다. 이남규와 그의 아들(충구), 손자(승복) 3대는 독립유공자이며, 증손자(장원)는 6·25전쟁 당시 전사한 국가유공자이다. 이남규는 갑오개혁 당시 형조참의를 지냈고, 아관파천 직후에는 안동부 관찰사를 지냈다. 그는 일본군의 왕궁 점령은 물론 국모 시해, 단발령 강제로 인한 의병 봉기, 그리고 의병을 진압하려던 일본군의 만행까지 직간접으로 목도하였다. 이에 일본군의 격퇴와 함께 의병 봉기의 필요성을 주장하면서 관직을 사임하고 예산의 고택으로 낙향하였다.

이후 1905년 을사늑약이 강요되자 서명한 대신들을 성토하였고, 1906년 예산에서 민종식을 중심으로 봉기한 홍주의병진에 가담하였다. 그 결과 이남규 부자는 공주 감옥에 투옥되었다. 수개월 뒤 석방되었으나 의병의 재기를 도모하던 중 집을 습격한 일본군 기마대에 다시 체포되었다. 이때 일본군이 연행하려고 하자 그는 "사가살死可殺 불가욕不可辱", 즉 "선비는 죽일 수 있지만, 욕보일 수는 없다"고 호통을 쳤다. 서울로 압송되던 도중 일본군의 회유를 거부하며 저항하자, 일본군은 그와 아들을 현장에서 학살하였으며 함께 갔던 가마꾼 김응길金應吉과 가수복賈壽福에게도 칼을 휘둘렀다. 김응길은 현장에서 죽었고, 가수복은 중상을 입었다. 가수복은 일본군이 떠난 후 그곳을 지나다 신음소리를 듣고 다가온 동네 사람들에게 발견되어 가까스로 목숨을 구했고, 사건을 전해들은 유족들이 달려와 3인의 유해를 수습하였다. 후일 보훈처에서는 가마꾼 김응길에게 애족장을 수여하였고, 수당고택에서는 가마꾼 김응길의 제문을 써놓고 기렸다고 한다. 가수복은 생명을 건졌으나 7~8년 뒤에 후유증으로 세상을 떠났다.

이남규의 손자 이승복은 1913년 연해주로 망명하여 이동녕·이상설 등을 만났고, 박은식·조완구 등과 『청구신문靑丘新聞』 발행에 참여하였다. 이후 국내로 와서 『청구신문』 발행에 쓸 활자를 운반하던 중 헌병사령부에 체포되어 6개월간 투옥되었다. 이승복은 석방이 되자 가산을 정리한 뒤 어머니와 함께 솔가하여 1917년 다시 연해주로 망명하였다. 이때 그는 임종이 임박한 이상설을 방문해 문안 인사를 올렸다. 그 자리에서 이상설이 "자네에게 아우가 있는가?" 하고 물어와 아우가 있다고 답하니 "나의 딸과 인연을 맺게 하는 게 어떠한가?" 하고 당부하였다고 한다. 이후 이승복의 아우 창복昶馥은 이상설의 딸 가희와 혼례를 올렸고, 두 가문의 인연은 이렇게 이어졌다.

이상설이 운명하자 이동녕과 이시영, 조완구 등이 참석하여 장례를 치렀다. 이때 이승복은 그의 유언에 따라 유품을 소각하던 중 신학문에 관한 서적들이 있음을 발견하였다. 망설이던 이승복은 후일의 참고와 연구를 위해 이를 소각 대상에서 제외하였다. 해방 후 고향으로 돌아온 그는 예산에 있던 이전의 고택을 다시 사들였고, 그곳에 이상설의 책을 소중히 보관하였다.

그 밖에도 윤병석 선생의 연구에 따르면 이상설의 책은 진천의 향리에도 남아 있었다고 한다. 하지만 해방 이후에 관리하는 이가 없어 고물상에 팔려나가 없어질 상황이었는데, 당시 부통령이던 이시영 선생이 그 소식을 듣고 모두 거두어 국회도서관에 기증하였다고 한다.

이상설이 언제 저술 활동을 시작하였는지는 정확히 알려져 있지 않다. 대체로 10대 중후반에는 전통 학문과 함께 산술·과학·외국어 등에, 20대 초중반에는 식물학·법학·신학·정치학에, 30대 전후에는 경제·국제법·동서양사 등에 깊은 관심을 갖고 연구하면서 메모를 하거나 직접 저술한 것으로 보인다. 10대 후반에는 동료들과 함께 학문을 논하고 익히면서, 20대 중후반에는 관직생활을 하면서 연구하고 저술한 것이다. 그리고 30대 전후에는 위기로 치닫는 나라의 현실과 미래에 대비한 청년 교육을 고려하여 연구와 저술의 대상을 넓혀간 것으로 보인다. 그가

이회영

이시영

남긴 저술들은 그와 동료들이 나라의 장래를 위해 얼마나 심혈을 기울여 서양의 학문과 제도, 사상을 습득하고 청년들에게 소개하고자 노력하였는지 짐작하게 한다.

이관직이 쓴 『우당 이회영 선생 실기』를 보면 1898년 가을 이회영·여준·이강한 등은 이상설의 서재를 연구실 겸 회의당으로 정하여 매일 회합하였으며, 정치·경제·법률·동서양사 등을 깊이 연구하여 나라를 다스리고 국민을 교육할 새로운 강령을 준비했다고 한다. 때로 이들은 남산의 홍엽정紅葉亭에 올라 고금을 논하며, 나라의 현실을 걱정하고 우울해하였다. 일설에 의하면 이상설·이시영·이회영 등은 나랏일에 대비해 자금 축적도 모색하였다고 한다. 풍덕에 삼밭을 마련해 운영한다거나 거금을 투자하여 재목과 땔나무 등을 취급하는 목재상을 운영해보기도 하였으나 실패하였다는 기록이 보인다. 이상설과 그의 여러 벗들은 늘 위기에 처한 나라를 염두에 두고 내외 정세를 관찰하며 각종 현실적 대안을 마련하고자 고군분투하였음을 알 수 있다.

서양 학문 수용과 수학 및 과학 자료 집필

19세기 말 한국은 근대 과학 분야에 매우 낙후한 상태였고, 국력도 세계 최하위 수준이었다. 그런 한국이 20세기를 넘어가면서 세계 10위권에 육박하는 경제대국이 되었다. 그 바탕에는 급속히 발전한 과학 기술이 자리하고 있었다. 조선이라는 유교 국가에서 소외되었던 과학 기술이 대한민국의 우선 과제가 되어 사회 각 분야에 놀랄 만한 변화를 가져왔고, 그 결과 대한민국은 선진국 진입을 눈앞에 두게 되었다. 이렇게 현대에 와서 대한민국이 고속 성장한 데는 각 방면 선구자들의 보이지 않는 노력이 있었다. 오늘날 수많은 과학자와 문화 예술가들의 활약상은 가시적으로 드러나 가치를 인정받기 쉽지만, 그에 앞서 19세기에 이미 선구적인 역할을 한 인물들의 활약상은 간과하기 쉽다. 그중에서 매우 중요한 일을 한 인물이 곧 보재 이상설이다.

영재 이건창이 이상설을 율곡 이이를 이을 대학자로 평가한 것은 그가 구학문, 즉 유학의 대가라는 의미였다. 그러나 이상설은 19세기 말에 조선인으로서는 가장 먼저 조선의 일반인들에게 서양의 근대 수학과 과학 등을 소개한 선구자이기도 하다.

이상설이 서양의 근대 학문을 배우기 시작한 것은 1880년대 후반이다. 앞에 언급했듯이 그가 서양 학문에 관심을 갖게 된 배경은 정부의 개화 정책이라 할 수 있다. 1882년 조선이 미국 등 서양 각국과 조약을 맺으면서 서울의 정동에는 각국 공사관이 자리 잡았고, 아펜젤러나 언더우드, 스크랜턴 등 서양 선교사들이 들어와 활동하였다. 1886년 정부에서는 육영공원을 세워 헐버트, 길모어, 벙커 등 미국인 교사를 초빙해 영어, 수학, 과학을 학생들에게 가르치게 하였다.

이상설이 신문학에 흥미를 갖고 서양 과학을 배우고 영어와 프랑스어를 익힌 것은 16세 정도였다. 요즘 같으면 고등학교 1, 2학년 학생이지만, 이미 그는 결혼하여 가정을 이루고 있었다. 이와 같은 시대적 여건과 개인적 환경이 이상설을 사회적 책임감이 충만한 인재로 만들었을 것이다.

앞에도 언급한 바와 같이 이상설은 그의 벗들인 이회영·이시영·이범세·서만순 등과 함께 정릉의 신흥사에서 8개월간 합숙하며 법학·수학 등 서양의 신학문을 익혔다. 이때 따르며 배우던 문하생들이 있었고, 함께 공부하던 이들도 근 20명이었다. 학과 내용은 한문은 물론, 수학·영어·법학 등이었다. 유학을 배워 과거시험을 준비하는 것을 당연지사로 알았던 시절에 양반 가문 출신의 엘리트 청년들이 수학·법학·정치학·화학·식물학 등에 관심을 둔 것이 놀랍다.

이상설이 남긴 근대 수학 관련 서적 및 기록으로는 『수리數理』·『백승호초』·『화학계몽초化學啓蒙抄』·『식물학』 등이 있다. 그는 다양한 분야에 두루 전문적인 지식을 쌓았기에 국제법을 소개한 『십간섭十干涉』, 계약법 등의 법률에 대한 『법학만초』·『조세론』, 정치학 교재인 『국가론』·『법률조례』 등도 남겼다. 서양의 신학문에 대한 이상설의 식견에 놀라지 않을 수 없다. 그렇다면 신학문에 대한 그의 관심은 언제, 어디서, 누구의 영향으로 생겨났으며, 어떻게 적용되었을까.

이상설은 헐버트가 육영공원 교사로 와서 고종에게 교육 자문을 하는 과정에 통역으로 간여하면서 국가 발전에 서양 수학과 과학이 필요함을 절감하였을 것이다. 이상설 등 장안의 수재들은 교육 환경의 변화를 인지하고, 1886년부터 정릉에서 반년 이상 합숙하면서 서양 수학과 과학을 공부하였다. 학습한 내용을 정리하여 설강하던 이상설은 그 자료를 재정리하여 강의록 초안 작성에 활용하였을 것으로 보인다. 이상설이 공부한 수학 분야의 서양 책은 기록으로 남아 있지 않지만, 헐버트가 전해준 책, 중국에서 전해진 근대 수학책, 일본어로 쓰인 서양 수학책 등 번역서들로 미루어 추측해볼 수 있다.

이상구 교수(성균관대 수학과) 등의 연구에 의하면 1894년 9월 18일 왕실 자제들을 위한 관립교동왕실학교가 개교하였고, 1895년 관립한성사범학교소학교가 되었는데 이때 일반인에게 문호를 개방하면서 서양 수학도 가르치기 시작한 것으로 이해된다.

그렇다면 1896년에 관립소학교에서 사용된 산술 교과서는 어떤 것일까. 학부 편집국에서는 일본의 수학책을 번역하여 저자 없이 초등수학 교과서를 만들어 『간이사측문제집簡易四則問題集』(1895. 7), 『근이산술서近易算術書』 상권 1(1895. 9), 『근이산술서』 상권 2(1895. 11)라는 제목으로 급히 발간, 처음으로 생긴 관립소학교의 교재로 사용하였다. 소학교의 수학 교재는 급조하여 사용이 가능했겠지만, 한성사범학교에서는 예비 교사에게 서양 수학을 가르칠 수 있는 수준을 갖춘 사람과 수학 교재가 필요하였다. 그러나 당시에는 중국·일본·미국의 책을 모두 참고하여 수준 높은 교사용 교재를 쓸 정도의 수학 지식을 갖춘 인력은 극소수였을 것이다. 그래서 성균관 경학과와 한성사범학교 수학 교재를 갑자기 펴낼

수 있는 인재를 구할 만한 상황이 아니었다. 결국 1897년에 헐버트가 한성사범학교에 교관(교수)으로 파견되었지만, 그때 가르친 초기 수학 교재는 아직도 구체적으로 확인되지 않는다.

1895년 2월 정부에서는 「교육조서」를 발표하고, '한성사범학교관제', '외국어학교관제', '성균관관제', '소학교령' 등의 학교법제와 법칙을 제정하였다. 이때 정부에서는 잠시 서양 학문에 밝은 이상설을 성균관 관장으로 임명하여 공교육의 근대화를 시도하였다. 먼저 1895년 8월 9일자 학부령 2호에 의해 성균관은 교과과정과 직제를 개편하며 관립고등 교육기관을 새롭게 개편하였다. 이상설이 초대 성균관 관장으로 임명된 후 성균관 경학과 교과과정에는 수학과 과학이 필수과목으로 등장한다. 즉 "성균관 경학과經學科 학생에게 공부시킬 학과목은 삼경사서三經四書와 그것의 언해諺解·강목綱目 송원명사宋元明史·본국사本國史·작문作文으로 하되, 시대 사정에 맞게 본국지지本國地誌·만국사萬國史·만국지지萬國地誌·산술算術을 익히도록 하고, 산술의 내용은 가감승제加減乘除·비례比例·차분差分으로 한다"라고 하였다. 이렇게 성균관의 교육과정을 정비한 직후 이상설은 한성사범학교 교관으로 파견되었다. 이어 이상설과 친교가 있던 헐버트가 그 학교에 부임하였고, 1897년부터는 영어가 교과목으로 추가되는 등 교육 여건이 개선되었다. 1900년에는 수학 교과서를 편찬하여 대중에게 근대 수학을 제공하였다.

이와 같이 이상설은 성균관과 한성사범학교에 서양의 근대 수학과 과학을 처음으로 정식 도입한 뒤, 학부 편집국장 이규환의 부탁으로 한성사범학교 수학 교재를 썼다. 학부에서는 저자가 기록된 첫 근대 수학 교과서를 이상설에게 의뢰하여 만든 후, 『산술신서算術新書』라는 이름으로 초판 1,000권을 출판하여 널리 이용하였다. 이 책은 이상설이 조선의 전통 산학算學에 대한 이해에 더하여 독학하면서 알게 된 서양 수학 지식을 바탕으로 일본의 수학책을 번역해 편집한 것으로 알려져 있다.

『수리』는 이상설이 『산술신서』보다 앞서 쓴 책으로 2015년에야 그 실체가 확인되었다. 책의 앞부분에서는 『수리정온』의 내용을 담고 있는데, 『수리정온』은 청나라에서 서양 수학을 해석하여 편찬한 책이다. 따라서 『수리』는 조선의 산학과 서양 근대 수학을 연결한 최초의 책으로 평가된다. 이 책의 발견으로 조선에서 서양 근대 수학을 자체적으로 꾸준히 연구하였다는 사실이 입증되었다. 『수리』가 이상설의 독창적인 이론을 담고 있는 책은 아니지만, 삼각함수 풀이법, 세제곱근 등 서양 근대 수학을 처음으로 조선 대중에게 소개하였다는 점에서 의미가 크다.

이상의 내용 외에 이상구 교수는 『수리』의 활용에 대해 몇 가지 추론을 내놓고 있다. 신흥사에서 윤강하는 과정에서 정리를 시작하였을 가능성, 1895년 성균관 경학과 수학 강좌 및 1895~1896년 한성사범학교 수학 강좌에 강의록으로 일부 사용되었을 가능성 등을 제기하였다.

그 이후 1910년까지 『산술신서』를 모델로 하여 우리말로 쓰인 수학책들이 60종 이상 출판되었다. 이 때문에 과학사학자 박성래 선생(전 한국외국어대 교수)은 이상설을 '한국 근대 수학교육의 아버지'라고 평가한 바 있다.

이상에서 살펴본 바와 같이 이상설은 우리나라가 선진국가로 발전하기 위해서는 서양의 과학 도입이 절실하다는 판단 아래 스스로 서양 수학을 학습하여 강의하고, 「교육조서」를 받들어 관립교육기관 교과과정에 수학 과목을 도입하였으며, 수학 교과서를 저술하였다. 그는 당대를 대표하는 유학자이면서도 근대 사회의 합리적 기반을 제공하는 수학을 대중이 모두 알아야 하는 공통 과목으로 자리하게 한 교육사적 업적을 남겼다.

이상설에게 영향을 받은 동생 이상익도 수학 교사가 되어 휘문관徽文館에서 1908년 『초등근세산술』, 1909년 『근세대수』를 저술하였다. 그는 보성중학교 교감, 한성사범학교 교관(교수), 함경도 경성군 함일학교咸一學校 교사, 공수학교工數學校 학감을 역임하였다. 1906년 7월 5일 황성신문 3면에는 동생 이상익과 3인이 익동(현재 종로구 익선동)에 산술전문학교를 세워 학생을 모집한다는 광고가 실렸다. 이처럼 이상설은 한국 근대 수학교육과 과학교육을 개척하였다는 점에서 그가 근대학문의 선구자 역할을 하였다는 것이 해당 분야 연구자들의 주장이다.

이상설은 수학뿐 아니라 서양의 식물학·화학·물리학 등 과학 분야도 선구적으로 공부하고, 그 내용 가운데 새롭고 관심 있는 내용을 필사하여 과학책 『백승호초』·『화학계몽초』·『식물학植物學』을 남겼다. 이들 자료는 수당고택에서 그 존재가 확인되었다.

『백승호초』는 고전물리학 분야의 저술로, 이상설이 『수리』를 쓴 시기를 전후하여 남긴 것이다. 여기에는 동양에서 서양의 수리 과학이 들어와야만 언급할 수 있는 질량보존의 법칙이나 타성惰性(관성)과 같은 고전물리학의 주요 개념을 포함하는 내용이 소개되어 있다.

『화학계몽초』는 이상설이 일본어가 아닌 중국어로 번역된 화학책

『화학계몽』을 읽고 선록選錄한 46쪽의 필사본이다. 『화학계몽』의 원전은 『Science Primers: Chemistry』로, 영국의 화학자 헨리 로스코Henry Enfield Roscoe가 쓴 책이다. 화학에 대한 인식이 없었던 시대에 쓰인 이 책에서는 '이해가 쉬운 경험적 실험화학' 예를 이용하여 기초 이론과 기술을 소개하고 있다.

이상설이 붓으로 쓴 『식물학』 역시 『수리』를 쓴 시기를 전후하여 저술된 책이다. 원전은 영국인 후커J. D. Hooker가 쓴 『Botany』인데, 영국인 조셉 에드킨스Joseph Edkins, 艾約瑟는 이 책을 중국어로 번역하여 『식물학계몽植物學啓蒙』을 펴냈다. 『식물학계몽』은 중국 『서학계몽西學啓蒙』 16종 중 하나이다. 이상설은 자신이 이미 아는 내용은 짧게 기록하고, 새로운 지식을 구체적으로 소개하였다. 조선에 이전에 알려진 내용이 별로 없는 서양 전자기학·역학·화학은 매우 자세히 서술하였고, 이미 잘 알려진 식물의 형태 및 구조·성질 등과 같은 거시巨視, Macro 식물학 지식은 간단히 언급하고 모두 생략하였다. 식물의 영양, 현미경적 구조, 물질의 합성과 식물의 기능에 대한 실험법과 같은 마이크로Micro 식물학에 많은 부분을 할애하였다. 당시 식물학은 물리학이나 화학보다 조선에 좀 더 익숙한 분야였다. 이상설이 참고한 『식물학계몽』은 영국의 학술이 중국을 통해 한국에 수용된 것이다. 일제하에 일본을 통해 서양 과학 지식이 수용되기 이전에 이미 그런 움직임이 있었음을 보여준다. 이상설은 식물의 형태학보다는 기능 및 생화학 부분에 관심이 많았다. 필사본 중에는 실험에 관한 내용이 많다. 이는 이상설이 과학자로서 기본 소양을 잘 갖추고 있었음을 보여준다.

러일전쟁과 빼앗긴
대한제국의 외교권

인천항의 포성과 잿더미가 된 황궁

러시아와 일본 사이의 긴장이 고조되면서 대한제국의 국정은 정상 궤도를 달릴 수가 없었다. 외교는 물론 군사 문제도 양국 사이의 공동 규제로 보이지 않게 구속을 받고 있었기 때문이다. 그 사이 대한제국의 재정은 파탄에 이르고 있었다. 급기야 1904년 초 러시아와 일본 간에 전운이 감도는 가운데 고종은 국외 중립을 선언하였다. 양국의 분규에 휘말려 들지 않기 위해 앞질러 취한 고육지책이었다. 그러나 이 선언은 일본에 의해 묵살되었다.

마침내 2월 8일 오후, 일본은 인천에 정박한 러시아 군함을 기습 공격하면서 전쟁을 개시하였다. 일본은 군대를 서울로 진격시킴과 동시에 주한 공사 하야시 곤스케林勸助를 통해 한국 정부에 새로운 조약 체결을 강요하였다. 그 결과가 한일의정서이다. 군사 작전을 명분으로 전국 요지를 점령하고 통신 시설을 장악하려는 것이었다. 『관보』에서 이를 보도하자, 한일의정서 폐기를 주장하는 여론이 비등하였다. 이때 일본은 추밀원의장 이토 히로부미伊藤博文를 한국에 파견하였다. 일본은 한·일의 친선을 가장하여 사태를 무마하고자 하였지만, 서울에는 일본군이 삼엄하게 포진한 상태였다.

바로 이런 상황에서 경운궁에서 대화재가 돌발하였다. 시기도, 발화 과정도 묘했다. 앞서 2월에는 주한 러시아공사 파블로프 일행이 서울을 떠났고, 5월에는 러시아 주재 이범진 공사의 소환령이 내려졌으며, 한·러 간의 모든 조약이 폐기될 상황이었다. 화재가 발생한 것은 대한제국의 상황이 급박하게 진행되던 1904년 4월 14일 밤으로, 러일전쟁 발발 두 달 뒤였다. 이 화재로 고종의 침전인 함녕전을 비롯하여 중화전·즉조당·석어당·경효전·흠문각 등 주요 전각이 하루 사이에 잿더미가 되었다. 기록에 따르면 밤 10시쯤 수리 중이던 함녕전의 아궁이에서 발화하였고, 그 불이 정전인 중화전과 즉조당 등으로 번져 모두 불타버렸다고 한다.

경운궁의 대화재는 대한제국 정부나 고종에게 정신적·물질적으로 심각한 타격을 주었다. 특별한 용도로 황제의 거처에 비밀리에 보관 중이던 금고가 녹아내리면서 거액의 일본 지폐가 재로 변했으며, 궁중에서 보관해왔던 문부·서책·부기 등 전래의 서류와 금보金寶·화물畵物 등도 전부 불에 탔다. 이 모든 것이 대한제국의 중추에 심각한 타격을 입혔지만, 당장 급한 것은 황제가 집무할 곳과 황제의 안전을 보장할 공간을 마련하는 것이었다.

　미국공사 알렌은 경운궁을 복구하려면 대한제국 정부의 1년 예산이 소요될 것이라고 하였다. 이때 일본공사는 경운궁을 복구하지 말 것을 고종에게 진언하도록 서양 외교관들에게 요청하기도 하였다. 재정 부족이 주요 명분이었다. 그러나 대한제국의 재정에 막대한 피해를 입혀온 일본 측에서 대한제국의 재정을 걱정해준 일도 그렇고, 그간 여러모로 압제적이었던 일본의 행태를 고려할 때 일본공사의 진의는 여러 가지 추측을 낳게 한다.

　화재가 난 직후 열국 공사와 신하들은 수옥헌漱玉軒에 머물고 있는 고종에게 장소가 극히 협소하니 다른 궁궐로 거처를 옮길 것을 진언하였다. 그러나 고종은 "파천 당시 경운궁에 즉조당만 있었다. 지금 비록 화재로 소진되었다 해도 가정당·돈덕전·구성헌 등이 남아 있으니 그때에 비하면 오히려 낫다"라고 하면서 응하지 않았다. 고종은 다른 궁으로 가느니 차라리 다른 공사관으로 재차 옮기는 것이 낫다는 생각까지 한 것으로 보인다.

　당시 알렌은 대한제국 정부에서 미국공사관에 황제의 피신처를 요청한다면 어떻게 대비할 것인가를 두고 본국 정부에 문의하였다. 그는 고종을 받아들이지 않겠다고 하였다. 러·일 사이의 외교적 분규에 휩쓸리고 싶지 않다는 뜻이었다. 그만큼 대한제국의 위기가 급박하기 닥쳐오고 있었던 것이다. 고종은 경복궁 혹은 창덕궁으로 가느냐, 경운궁의 전각을 중건하느냐 하는 문제에 대해 결단을 내려야 했다. 일본공사의 종용에도 불구하고 고종은 마침내 전각을 중건하기로 결심하고, 기한을

경운궁의 대화재(1904)

정하여 착수하도록 명하였다.

경운궁의 대화재는 당시에도 많은 의문점을 남겼다. 화재가 발생한 것은 러일전쟁에 착수한 일본이 대한제국 정부에 강요하여 한일의정서를 체결한 지 두 달이 지난 시점이었다. 또한 서로 떨어져 있던 전각들이 일시에 소실되었다. 또, 황제가 거처하는 지엄한 곳에서 부주의로 거듭 화재가 발생하였다. 이렇게 의아한 점들과 전후의 사정을 감안할 때 이 화재는 일본의 정략과 연관된 고의적 방화라는 심증을 갖게 한다. 최근 발굴된 자료 역시 경운궁 화재가 일본의 음모라고 밝히고 있다. 목적은 고종을 서궁西宮, 즉 경운궁에서 축출하여 옛 궁인 창덕궁昌德宮으로 옮겨가도록 하기 위함이었다는 것이다. 만일의 경우 고종이 다른 나라 공사관으로 피신하여 일본의 한국 병탄 작업에 차질을 빚을까 하여 꾸민

음모였다고 한다.

1904년의 대화재로 대부분 소진되었던 경운궁은 극심한 재정난에도 불구하고 고종의 뜻에 따라 불과 1~2년 만에 거의 재건되었다. 그 사이 고종은 수옥헌에 머무르며 경운궁을 중건할 때까지 기다렸다. 중건 후에도 고종은 수옥헌에 자주 머물렀다. 을사늑약이 강요되고, 헤이그특사를 파견할 당시에도 그러하였다. 수옥헌, 즉 현재의 중명전이 대한제국 역사의 주요 무대가 된 이유이다.

일본의 토지 침탈 기도와 대한협동회

이상설이 세상 사람들에게 뚜렷한 인상을 남기기 시작한 것은 러일전쟁 직후이다. 국내에서 가장 두드러진 그의 활동은 두 가지이다. 일본의 황무지개척권 요구에 대한 반대운동과 대한협동회 활동, 그리고 을사늑약 폐기를 위한 상소운동이 그것이다.

러일전쟁 당시 일본은 대한제국 영토를 잠식할 계획을 세웠다. 그것이 바로 일본인 나가모리 도키치로長森藤吉郎를 앞세운 황무지개척권 요구이다. 일본은 1904년 6월, 러일전쟁 발발과 경운궁 대화재로 정국이 어수선하고 조정이 갈팡질팡하는 사이에 대한제국에 황무지개척권을 요구하였다.

일본의 원로회의에서는 이미 5월에 제국의 대한방침과 대한시설강령, 대한시설강목 등을 결정해둔 상태였다. 이렇게 볼 때 일본의 황무지개척권 요구는 러일전쟁 후 일본이 맨 먼저 시도한 식민지화 작업의 하나였다. 1904년 6월 6일 주한 일본공사 하야시 곤스케가 제시한 10개 조의 황무지개척권 요구 계약안의 요지는 다음과 같다.

- 대한제국의 궁내부 어공원경御供院卿은 능·묘·시寺·금산禁山·분묘墳墓와 현재 궁내부 소유 및 관 소유에 속한 개간지와 민유지로 그 소유관계가 명백한 것을 제외하고 8도에 산재한 토지·산림·원야原野 기타 모든 황무지의 개간·정리·개량·척식 등 일체의 경영을 나가모리 도키치로長森藤吉郎에게 위임한다.
- 경영 관련 자본금은 나가모리가 마련하고 궁내부 어공원은 자본을 지출할 의무가 전혀 없다. 나가모리는 전 항의 자본금을 지출할 때 매번 금액과 사용 목적을 대한제국 정부에 통보한다.
- 대한제국 궁내부 어공원은 나가모리 외에는 물론 누구에게도 허가하지 못한다.
- 토지를 개간·정리·개량한 후 나가모리는 때에 따라 미맥米麥·콩 기타 농산물과 수목·과실 등물을 심거나 목축·어렵을 하거나 기타 유용하게 사용할 권리가 있다.

이상은 일본인 나가모리 도키치로에게 한반도의 황무지 활용에 대해 특혜를 부여하는 내용이었다. 나가모리 도키치로는 일본의 대장성 관방장을 지낸 인물로, 그해 1월 일본의 밀명을 받고 한국에 와서 대한경영방안을 조사·연구하며 궁내부 측에 예비 공작을 진행해오고 있었다. 일본의 황무지개척권 요구는 일본의 농민을 한국에 이주시켜 일본 내의 인구

과잉 상태를 해소하려는 목적이 있었다. 이런 취지로 전국에 널려 있는 미개간지를 일본인 명의로 개발하여 일본의 관리 하에 두고자 하였던 것이다.

일본의 요구가 조야에 알려지자 전역에서 반대 상소를 올렸다. 상소를 올린 사람들은 주로 전·현직 관리와 유생들이었다. 언론에서도 논설과 기사를 통하여 통감부를 성토하였다. 농광회사를 차려 한국인 회사에서 개간 사업을 해야 한다는 주장도 나왔다.

먼저 정일영이 6월 20일 상소를 올렸고, 이상설은 6월 22일 박승봉朴勝鳳 등과 연명 상소를 올려 일본의 황무지개척권 요구를 전국에 알렸다.

> 토지란 국가의 근본으로 토지가 없으면 국가도 없을 것이며, 재물이란 것은 민생의 근본으로 재물이 없으면 이 백성도 없을 것입니다. …… 수년 이래 재원을 외국인에게 양여한 것이 너무도 많습니다. 어채는 일본에, 산림은 러시아에, 철도는 미국과 일본에, 광산은 미국·일본·영국·독일에 모두 양여하여 우리의 한정 있는 지하자원을 저들에게 나누어주고 있습니다. …… 자국 백성은 파리하게 만들면서 외국인을 살찌게 하고, 본국을 팔아서 딴 나라에 아첨하니 국민의 죄인일 뿐 아니라, 우리 조종祖宗과 폐하의 죄인입니다. …… 빨리 실업학교를 넓혀서 그 씨앗을 심고 채취하는 방법을 연구하며, 용도를 줄이고 부비를 절약하여 힘을 넉넉하게 하고, 기계를 구입하는 계책도 구하며 …… 날로 부지런히 힘써야 할 것입니다.
> 　　　　　－광무 8년 6월 22일, 가선대부 신 이상설, 통정대부 신 박승봉

이상설과 이상익 형제

 토지와 재물은 국가와 민생의 근본이니, 이를 팔고 외국에 나누어주는 자는 조종과 폐하의 죄인이다. 일본의 요구를 거부하여 국권을 지키고, 황무지개척을 우리 스스로 하여 산업을 진흥해야 한다는 내용이었다.

이상재

이동휘

허위

조야의 반대 상소가 기폭제가 되어 서울에서는 송수만·심상진·이준李儁 등에 의해 종로의 백목전에서 보안회輔安會가 조직되었다. 보안회에서는 "국가의 존망이 달린 것이므로 한 치의 땅도 양여할 수 없다"라는 내용으로 통문을 돌리고, 규탄운동을 벌였다. 보안회의 황무지개척권 반대운동은 독립협회의 열강에 대한 이권양여 반대운동 이후 처음으로 서울 거리에 등장한 시위운동이자 애국운동이었다.

이런 여론을 등에 업고 고종은 일본의 요구를 거절하였다. 이때 고종은 논리가 정연한 이상설의 상소를 기꺼이 받아들였다 하여 '광무가지光武嘉之', 즉 광무황제가 훌륭하게 여겼다는 말이 전한다. 이 상소의 원문은 그해 9월 황제의 명으로 승정원에서 되돌려주었다. 이상설의 상소문은 유족이 보관하고 있다가 이상설의 아우 이상익과 후손 이관희, 이재승이 보존하여 현재에 이른다.

이처럼 이상설의 상소 후 조야에서 반대 상소가 이어졌으며, 보안회가 소집되어 종로를 비롯한 서울 거리에서 규탄대회가 이어져 일본의 황무지 약탈 기도를 좌절시켰다. 일본은 황무지개척권 요구를 철회하는 대신, 보안회를 해산시켜 반일 여론을 억압하고자 하였다. 이후 보안회의 정치·사회 활동은 지속되지 못하였다. 보안회가 해산되자, 1904년 8월에 대한협동회大韓協同會가 새로이 조직되었다. 대한협동회는 독립협회와 만민공동회를 방불케 하는 구국 운동의 단체로, 이상설은 이 단체의 회장으로 선임되었다. 이준(부회장)·정운복(총무)·이상재(평의장)·이동휘(서무부장)·이승만(편집부장)·양기탁(지방부장)·허위(재무부장) 등이 함께 참여하였다. 이들의 면면을 살펴보면 후일 국내와 미국, 러시아와 유럽 등지에서 항일 독립운동을 이끌어간 주역들임을 알 수 있다.

이승만

윤병구 목사

이중 이승만의 경우가 흥미롭다. 1899년 감옥에 수감되었다가 민영환·한규설 등의 주선과 선교사들의 협력으로 1904년 8월 석방되었다. 정부에서는 러일전쟁의 강화를 중재할 가능성이 높은 미국의 루스벨트 대통령에게 대한제국의 독립을 존중해줄 것을 요청하기 위해 이승만을 미국에 일종의 특사로 파견하고자 하였다. 이승만이 이런 상황에서 편집부장을 할 수 있었을까 의아할 수도 있다. 그러나 그는 감옥에서 동료들을 가르치며 『매일신문』·『황성신문』 등을 통해 나라와 백성의 각성을 촉구하는 글을 실었다. 이렇게 언론을 통해 이미 촉망받는 인사가 되어 있었기 때문에 가능하였던 것이다.

　이후 이승만은 1904년 11월 4일 서울을 떠나 5일 인천에서 오하이오호를 타고 한국을 떠났다. 이후 목포와 부산, 일본의 고베를 거쳐 11월 29일 호놀룰루항에 도착하였다. 그곳에서 윤병구 목사와 감리교 선교부의 감리사 존 와드먼 박사의 환영을 받은 뒤, 그날 저녁 에와Ewa의 200여 명 한인 교민들이 살고 있는 한국농장Korea Plantation에 가서 연설을 하고 교민들과 「올드랭사인Auld Lang Syne」 멜로디에 가사를 붙인 애국가를 제창하였다.

러·일의 강화와 일본의 보호조약 강요

육상과 해상 전투에서 연승을 거두기는 하였지만, 일본은 전투를 지속하기에 무리가 많았다. 길어지는 보급로와 점점 부족해지는 물자와 인력을 감당하기 어려웠던 것이다. 러시아는 시베리아횡단철도를 이용하여 물자와 병력의 이동을 가속화하는 한편, 일본군을 만주 깊숙이 유인하는 작전으로 반격의 기회를 모색하였다. 물론 바이칼 우회로 등이 완공되지 못하여 단기에 많은 병력과 물자를 철도로 수송하는 데는 어려움을 겪고 있었다. 그렇지만 꾸준히 병력을 보강하던 러시아가 보급선이 길어진 일본에 비해 장기적으로는 분명 유리한 형편이었다.

그러나 러시아 내에서 1905년 초 시작된 농민 봉기와 노동자의 파업이 러시아의 발목을 잡았다. 이 과정에서 일본 첩보장교 아카시 모토지로明石元二郎의 공작이 영향을 발휘하였다. 그는 1902년 페테르부르크의 일본공사관 소속 무관으로 부임한 뒤 그곳에서 목재무역상으로 위장한 영국 정보부의 스파이 시드니 레일리Sidney Reilly 와 합작하여 여순旅順요새 도면 등을 입수

아카시 모토지로

하였다. 이후 러일전쟁이 발발하자 그는 중립국 스웨덴으로 이동하여 제정 러시아의 혁명을 지원하는 공작을 펼쳤다.

당시 아카시 모토지로가 자국의 육군참모본부로부터 지급받은 자금은 1년 국가 예산(2억 3,000만 엔)의 250분의 1에 달하는 100만 엔이었다. 그는 유럽 전역에 공작 자금을 뿌려 러시아 내부의 교란 작전을 꾀하였다. 그는 혁명을 계획하던 레닌, 가퐁 신부, 아나키스트 크로포트킨, 핀란드의 독립운동가 실리야쿠스, 러시아 마르크스주의 선구자 플레하노프, 자유당의 좌경파 슬루베, 막심 고리키 등 수많은 인사들과 접촉하여 제정 러시아의 붕괴를 도모하였다. 제정 러시아의 붕괴를 목적으로 한다는 점에서 이들은 국적을 초월한 동지였다. 그 결과 러시아에서는 파업, 태업, 무력 봉기가 끊이지 않는 가운데 불안이 증폭되자 반전의 기운이 고조되었다. 장기전을 꾀하던 러시아 측에는 불리한 상황이었고, 단기전을 꾀한 일본에게는 유리한 상황이었다.

이러한 분위기에서 러시아는 전쟁을 지속하기에 부담이 컸다. 양국은 팽팽한 줄다리기 끝에 마침내 미국 루스벨트 대통령의 중재 하에 9월 5일 포츠머스에서 강화조약을 체결하였다. 이 조약으로 일본은 러시아의 요동반도 조차권을 넘겨받음으로써 대륙 침략의 발판을 확보하였으며, 더불어 아시아의 강대국으로서 그 지위를 인정받게 되었다. 포츠머스조약은 미국·영국·일본·러시아 등 관계 강대국들이 관여하여 체결된 조약이다. 미국과 영국 두 나라는 중국 대륙에서 러시아를 견제하고자 한 목표를 달성한 셈이었다.

그런데 이 조약에서 한국과 관련된 주요 조항이 있다. 제2조로, 러시아는 일본이 한국에서 정치·경제·군사상 탁월한 권리를 가질 것을 인정하며, 일본 정부가 한국에서 필요하다고 인정하는 지도·보호 및 감리 조치에 간섭하지 않는다는 내용이다. 즉, 한국에 관해 러시아는 일본의 정치·군사·경제적인 권익을 인정하고, 일본이 이를 보호하기 위해 취하는 조치를 간섭하지 않는다는 의미이다. 그 외 한·러 양국의 국경 지대에서는 양국의 안보에 위협이 되는 군사 행동을 자제할 것 등으로 조정되었다. 이들 조약은 한국의 보호에 대해 러시아 측이 소극적 승인을 한 것이었다. 미국과 영국의 입장도 마찬가지였다. 이 같은 열강의 승인을 바탕으로 일본은 한국을 장악하고 있었지만, 확고한 병탄은 남은 이해관계를 조율한 뒤 1910년에 가서 할 수 있었다.

강화조약의 중재자였던 루스벨트 대통령은 평화에 기여한 공로로 노벨평화상을 수상하였지만, 러시아와 일본 양국의 입장은 정반대가 되었다. 러시아는 일본으로부터 모든 것을 양보받았다고 자축하는 분위기였

포츠머스강화조약

다. 반면 일본의 여론은 전투에서는 이겼지만 강화에서는 패했다는 입장이었다. 전쟁을 지속할 수 없는 상황에서 일본 정부가 고육지책으로 체결한 조약이었던 것이다.

일본인들은 이런 내막을 알지 못하고, 10년 전 청일전쟁의 승리로 배상금과 전리품인 대만을 얻은 경험에 취해 있었다. 하지만 강화조약의 내용이 알려지자 일본인들은 협상 대표인 고무라 주타로小村壽太郎를 "조기弔旗를 들고 마중하자!"라고 하며 분노하였다. 극우파가 경찰서·교회·신문사 등을 습격하자 일본 정부에서는 계엄령을 선포하여 질서를 수습하였다.

이른바 을사늑약은 이상과 같은 분위기 속에서 서울에서 강행되었다. 1905년 4월 일본내각에서는 '한국보호권 확립의 건'을 의결한 바 있었다. 즉, "한국의 대외 관계는 일본이 전담하며, 한국은 외국과 직접 조약

 이토 히로부미
 하야시 곤스케
 하세가와 요시미치
 고무라 주타로
 가쓰라 다로

을 체결하지 못한다. 한국과 열강 간의 기존 조약의 실행은 일본이 책임을 지며, 한국에 주차관을 두어 시정을 감독한다"라는 것이 요지였다. 구체적인 실행은 러일전쟁의 추세에 따라 유동적이었지만, 1905년 7월 일본과 미국의 가쓰라 – 태프트 밀약The Katsura-Taft Agreement, 1905년 8월 영국과의 제2차 영일동맹 체결, 그리고 이후 한국에 대한 을사늑약 강요는 그런 각본에 따라 추진된 것이었다.

그해 10월 27일 '한국보호권확립 실행에 관한 건'을 의결한 일본 내각은 이토 히로부미를 한국에 파견하였다. 이 건의 제1항은 한국의 외교 관계를 모두 일본의 수중에 넣을 것이라는 내용이었다. 조약 체결의 전권은 하야시 곤스케가, 조약 체결을 위한 무력시위 내지 실력 행사는 하세가와 요시미치長谷川好道가 각기 맡았다. 이때의 조약을 강요한 일본 측의 주요 5인을 망라하면 이토 히로부미(특사), 하야시 곤스케(전권공사), 하세가와 요시미치(한국주차군사령관), 고무라 주타로(외상), 가쓰라 다로桂太郞(총리) 등이었다. 이들을 대한제국 정부에 늑약을 강제한 '일본인 을사5적'이라 할 만하다.

빼앗긴 외교권과 이상설의 상소

만주에서 러시아와 일본 사이에 전투가 한창이던 1904년 9월, 이상설은 학부협판에서 법부협판으로 전임되었다. 그리고 11월 2일에는 의정부 참찬으로 발탁되었다. 이상설은 이 무렵 여준呂準·이회영·이시영·이범세·이희종 등과 만국공법 등 법률에 관한 연구와 번역 작업을 진행하고 있었다. 강대국 사이에서 대한제국의 주권을 어떻게 유지해야 하는가 하는 고민이 반영된 작업이었다.

대한해협해전에서 승리를 거둔 일본은 미국의 중재로 러시아와 포츠머스에서 강화조약을 맺었다. 이후 일본은 한국에 보호조약을 강요하고자 하였다. 이토 히로부미가 특파 사절로 온다는 소식이 들렸다. 이상설은 서둘러 시종무관장 민영환, 참정대신 한규설, 외부대신 박제순 등과 조약 파기 방안을 협의하였다. 결론은 황제가 사직社稷을 위해 죽음을 불사한다는 결심으로 반대하고, 참정 이하 각 대신은 순국하기로 결정을 내려 어떠한 사태가 닥쳐도 일본의 요구를 거절하자는 것이었다. 이상설은 각 대신을 방문하여 조약 체결이 곧 국망國亡이고, 한국인이 왜의 노예가 되는 것임을 강조하며 반대 결의를 다졌다.

이상설은 어떻게 대신들과 조정의 일을 조율할 수 있었을까. 바로 의정부 참찬 직무를 담당하고 있었기 때문이었다. 칙령 제1호(1904. 3. 4), 칙령 제9호·11호(1905. 2. 26), 칙령 제44호(1905. 10. 24) 등에 나타난 의정부 관제에 의하면, 의정부는 의정 1인(정1품), 참정 1인(종1품), 찬정 5인 원임原任(*1905년 2월에 개정된 의정부 관제에서는 원임이 삭제됨), 그리고 내부·외부·탁지부·군부·법부·학부·농상공부 등 7대신이 칙임관勅任官 1등으로서 찬정을 겸했다. 참찬參贊 1인은 칙임관 2등으로서 의정·참정·찬정을 보좌하여 의정부의 사무를 진행하는 임무를 수행하게 되어 있었다. 당시 의정부 소속 직원은 참찬이 1인으로 칙임관이며, 참서관參書官 4인은 주임관奏任官이고, 주사主事 14인은 판임관判任官이었다. 말하자면 이상설은 의정부 참찬으로서 휘하에 참서관 4인, 주사 14인을 두고, 의정부 회의에 관련된 모든 사무를 총괄하는 자리에 있었다. 이상설은 황제와 의정·참정·찬정 등 각부 대신 사이에서 조정의 안건에 대해 연락하고 회의를 준비하는 중책을 수행하였던 것이다. 당시 모든 법률과 칙명은 의정과 주임대신의 부서副署를 거치게 되어 있었고, 국제조약 및 중요한 국제 문제는 의정부 회의를 거친 뒤 황제에게 상주上奏하여 재가를 청해야 하였다.

11월 9일 서울에 도착한 이토 히로부미는 고종을 시시로 알현하여 조약 체결을 강요하였다. 그러나 고종이 거부하자 무력을 행사하였다. 17일 저녁 일본군이 황궁 주위를 포위한 가운데, 수옥헌에서는 이토 히로부미의 주재 아래 대신회의가 강제로 열렸다. 의정부 참정대신 한규설韓圭卨이 반대하자 그는 독방에 감금되었다. 그날 참정대신 한규설에게는 "황제의 지척에서 행동이 온당치 못하였으니, 벼슬을 면직시켜라"라는 조령詔令이 내려졌다.

한규설

마침내 이완용·박제순이 먼저 굴복하자, 이튿날 새벽 2시에 조약 체결이 선언되었다. 이때 이상설은 대신회의를 총람하는 참찬의 직위에 있었지만, 일본군의 저지로 회의에 참석하지 못하였다. 그는 궁에서 풀려나온 한규설의 손을 잡고 통곡하였다.

이완용

이때 이상설은 두 가지를 한스럽게 여겼다. 그중 하나는 죽음을 무릅쓰고 반대하기로 한 대신들 중 자결 순국자가 한 사람도 나타나지 않은 점이다. 참정대신 한규설이 최후까지 저항하기는 하였지만, 그는 일본군에게 감금되어 현장과 격리되어 있었다. 다른 하나는 강직한 성격의 시종무관장 민영환(그해 3월 이래 의정부 참정대신 등을 지냈으나 이때는 시종무관장직을 수행)이 회의에 참석하지 못한 점이다. 이상설은 회의석상에서 한규설 등이 자결하였다면 일본의 의도대로 진행되기는 쉽지 않을 것이라 여겼다.

이후 이상설은 직접 고종에게 상소를 올려 조약 파기를 위한 최후의 시도를 하였다. 다행히 조약은 5대신만이 서명하였을 뿐 아직 황제의 인준 절차를 밟지 않았기 때문에 황제가 이를 강력히 거부한다면 조약 파기가 가능하다고 생각하였기 때문이다. 게다가 참정대신 한규설이 강력히 이를 반대하였으니, 이 회의와 조약 자체는 결격 사유가 너무도 많았다. 이토 히로부미가 마치 대한제국의 참정대신 역할을 자임한 셈이었다. 그러나 법은 멀고 일본의 무력은 가까웠다. 이때 이상설이 상소를 올렸다.

> 대저 약관이란 인증해도 나라는 망하고 인준을 아니 해도 나라는 또한 망합니다. 이래도 망하고 저래도 망할 바에야 차라리 '사직을 위해 죽는다殉社'는 뜻을 결정하여 단연코 거부하여 역대의 조종들이 폐하께 맡기신 무거운 임무를 저버리지 않는 것이 낫지 않겠습니까?

한마디로 황제가 이를 막지 못한다면 차라리 자결하시라는 뜻이었다. 『대한매일신보』에서는 "난세에 곧은 신하의 간언들이 있어왔지만, 막중한 군부에게 목숨을 끊어 사직을 위해 죽으라고 간언한 신하는 오직 그뿐"이라고 평하였다. 이후 그는 5차례나 거듭 사직 상소를 올리면서 조야의 관료와 유생들로 하여금 조약의 폐기를 위해 연명 상소를 올리도록 주선하였다. 이중 『고종실록』에 실린 11월 24일자 상소의 내용은 다음과 같다.

신의 생각에는 이번에 체결된 조약은 강요에 의해서 맺어진 것이니 이치상 무효로 되어야 마땅하고 회의에서 동의한 여러 흉역들은 나라의 역적이니 법에서 용서할 수 없는데도 지금까지도 성토하는 소리가 잠잠하여 수일 동안 아무 말도 들리지 않습니다. 폐하가 무효를 극력 주장하고 준절히 따지고 엄하게 물리쳐야 하는데 역시 주벌을 단행하여 빨리 사람들의 마음을 위로하였다는 말은 들리지 않고 도리어 나라를 팔아먹은 역적 두목을 의정대신의 대리로 임용하여 신으로 하여금 그의 아래 반열에 애써 나가도록 하니, 신은 울분의 피가 가슴에 가득 차고 뜨거운 눈물이 눈가에 넘쳐흘러 정말 당장 죽어버려 모든 것을 잊어버렸으면 합니다.

폐하가 만약 역적을 비호한다면 무엇이 아까워서 신을 그냥 두며, 또 신을 그냥 둔다면 무엇이 두려워 역적을 등용합니까? 아! 장차 황실이 쇠해지고 종묘宗廟가 무너질 것이며 조종조祖宗朝의 유민遺民들이 서로 이끌고 들어가 남의 신하와 종으로 되어버릴 것입니다. 신도 사람입니다. 어찌 치욕을 머금고 수치를 참으며 천연스럽게 다시 더러운 역적들과 함께 한 관청에 드나들 수 있겠습니까? 신의 마음은 이미 결정되었고 신의 말도 이미 다하였습니다. 이후로 열 번 상소문을 올려서라도 벼슬에서 반드시 교체되기를 힘써서 삼가 엄한 처단을 기다릴 뿐이니 폐하는 특별히 가엾게 여겨주기 바랍니다.

이상은 그가 의정부 참찬으로서 올린 마지막 상소였다. 한일협상조약, 이른바 을사늑약을 맺은 대신들을 물리치고 처벌하라는 내용이었다. 이미 무력해진 고종의 회답은 "어찌 이해하지 못하겠는가? 더는 번거롭게 사임하지 마라"였다. 12월 8일 그는 마침내 사직하고 관복을 벗어 던졌다.

망명과 해외 한인교육의 개척

자결한 민영환과 혼절한 이상설

이토 히로부미의 강요에 의한 을사늑약 체결 소식은 전국을 혼란의 도 가니로 만들었다. 이때 전임 의정대신 조병세가 가평에서 올라와 상소에 앞장섰고, 민영환·심상훈 등도 궁궐 앞에 나아가 늑약에 대한 반대 상소를 올렸다. 그러나 사태를 돌이킬 수는 없었다. 민영환은 황제, 열국 공사, 국민에게 유서를 남기고 11월 30일 이른 아침에 평소 지니고 다니던 장도로 목을 찔러 자결하였다. 자결 직전 그는 작은 명함에 연필로 유서를 써내려갔다. 전 국민에게는 "나라를 이 지경에 이르도록 한 것에 대한 책임이 내게 있으니 자결로서 사죄한다"라고 하였다. 나아가 "지하에서라도 도울 것이니 전 국민은 결코 낙망하지 말고 나라의 주권 회복을 위해 분발하라"고 하였다. 열국 공사에게는 5천 년 역사를 가진

한국을 결코 가벼이 보지 말라. 그대들이 한국의 독립을 도와준다면 지하에서라도 보은할 것이다"라고 썼다.

그런데 민영환이 황제에게 올린 유서의 행방은 묘연하다. 민충정공의 유고에는 "상소의 내용이 격렬하고 절실했다. 황망히 상소를 쓰느라 행간에 덧붙여 쓴 글도 있고 공론이 한결같지 않아 바치지 못했는데, 상께서 유서를 바치라는 명을 내렸는데도 소표疏表가 깨끗지 못하여 종내 바치지 못하였다"라고 나온다. 차마 황제가 감당하기 어려운 과격한 주장이 있고 피에 물들어 황제에게 올리지 못한 것으로도 생각되나, 다른 이유도 있을 것이다.

이처럼 민영환이 국민 상하의 각성을 촉구하며 전 국민과 황제, 열국 공사에게 유언을 남기고 자결한 것은 이상설과의 약속을 실행한 것이라는 주장이 있다. 기록에는 민영환의 순국은 이 참찬, 즉 이상설이 주선한 일이라고도 했고, 조약이 강제되기 직전 이상설은 이를 결사적으로 막을 것과 이를 막지 못하면 차라리 자결할 것을 민영환과 굳게 약속하였다고 한다.

이 참찬의 계획이 물거품이 되니 이는 천고의 한탄할 일이다. 만약 늑약 당시의 석상에서 군신이 일치하여 반대했다면 그 결과가 어떻게 되었을까. 그들의 위협 공갈은 무수할지라도 살해는 못하며, 만약 무저항 무능력의 군신을 살해하면 열국의 공론이 가장 두려울 것이오. 위협 아래서 군신 중 한 사람만 목숨을 끊으면 그 조약은 물론 성립하지 못한다.

민영환은 이미 10년 전에 "나라는 이미 다 결단났다!"고 탄식하였다. 1896년 모스크바에서 대러시아 교섭을 할 때였다. 당시로서는 조선에게 유일한 희망이었던 러시아가 등을 돌리자 더 이상 희망을 걸 데가 없었다. 그런 절망 속에서도 그는 나라의 군사와 재정 문제를 해결하고자 러시아 측과 고심참담한 교섭을 추진하였다. 그리고 돌아와서는 군인의 정신을 드높이고 나라에 헌신한 사람들을 기리고자 장충단 조성에 노력하였다. 나아가 한국인의 해외 개척을 모색하기 위한 일환으로 하와이 이민 사업을 처음으로 추진하기도 하였다. 이렇게 국사에 진력하였지만, 마침내 뜻을 이루지 못하고 보호조약의 강제로 외교권을 빼앗기자, 국정 담당자의 한 사람으로서 책임을 지고 자결하였다.

민영환의 자결 소식을 들은 이상설은 종로로 달려나와 민중들에게 통곡하며 절규하였다.

나도 국가에 충성치 못하여 나라로 하여금 이 지경에 이르게 하였으니 만 번 죽어 마땅하다. 지금의 이 조약은 지난날의 병혁兵革과는 다른 것이다. 나라가 망하였는데도 백성이 깨닫지 못하니 통곡하지 않을 수 없다. 조약이 한번 이루어짐에 나라는 망하고 인종이 이를 따라 멸종하게 될 것이다. 이제 민영환이 자결한 오늘이 우리 전 국민이 멸망하는 날이다. 내가 민영환 한 사람의 죽음을 위해 조상하는 것이 아니라 바로 우리 전 국민이 멸망함을 탄식하여 우는 것이다.

그는 땅에 머리를 찧고 통곡하다 유혈이 낭자한 채 인사불성이 되었

민영환

혈죽(血竹)

다. 장안에는 이상설이 민영환을 따라 순국하였다는 소문이 널리 퍼졌다. 이때 조약 폐기를 상소하고자 상경하였던 청년 김구도 이상설의 모습을 생생하게 목격하였다.

그날 민영환이 스스로 목을 찔러 자살한지라 그 보도를 접하고 몇몇 동지들과 같이 민영환의 집에 가서 조상을 마치고 돌아서 대로에 나오니 어떤 연기가 40 좌우 됨 직한 한 사람이 백명주 저고리에 관망도 없이 맨 상투 바람에 의복에 혈흔이 반반한 이를 여러 사람이 호위하여 인력거에 태워서 가는데 크게 호곡하더라. 그이도 국사가 기울음을 보고 비분을 못 이겨 자살하려던 것이다.

민영환의 자결과 이상설의 자결 기도 직후에 전 의정 조병세, 평양의 상등병 김봉학, 학부주사 이상철의 자결이 이어졌다. 전국 곳곳의 유생들에게서 조약의 파기와 5적의 처벌을 요청하는 상소가 쇄도하였다. 시민들은 철시와 시위로 일본의 행태에 대응하였다. 최익현과 민종식·유인석柳麟錫 등은 의병을 다시 일으켰고, 5적 암살단까지 결성되는 등 항일 결사와 민중대회를 통해 구국운동의 새로운 국면이 전개되었다.

현재 고려대학교박물관에는 민영환의 몇 가지 유품이 소장되어 있다. 시종무관장이라는 맨 마지막 직책을 수행할 당시에 입었던 의복과 모자, 당시 전 국민에게 전하는 유언을 담은 작은 명함, 그리고 그의 사후 서재의 마룻바닥을 뚫고 솟아나온 대나무(혈죽血竹) 가지 등이 그것이다. 이 유품들은 박물관을 찾는 이들에게 20세기 초 대한제국 조정의 어려웠던 상황을 잘 보여주고 있다.

이상설의 망명과 그 내막

종로에서의 사태로 의식을 잃었던 이상설은 한 달이 지나면서 회복하였다. 집에 칩거하던 그는 은밀히 벗들과 논의한 뒤, 이듬해 초 망명길에 올랐다. 그 내막에 대해서 자세히 알려진 것은 없다. 그가 서울을 떠나 연해주로 향한 것은 1906년 4월경이었다. 조완구가 지은 이상설 전기

『李相卨(溥齋小傳)』에는 이상설이 1906년 봄 이동녕·정순만 등 여러 동지들과 은밀히 조국을 떠났다고 했다. 이후 상해를 거쳐 블라디보스토크, 연추烟秋로 가서 의병장 이범윤李範允을 만난 뒤 연길 육도구의 용정촌에 도착하였다고 한다.

　여기에서 한 가지 의문을 가질 수 있다. 이상설의 해외 망명이 미래에 다가올 헤이그 만국평화회의를 겨냥한 것이었을까 하는 점, 즉 고종과의 사전 교감에 의한 것이었을까 하는 점이다. 이상설·이시영 등은 조정 관료로서 조만간 네덜란드 헤이그에서 만국평화회의가 열릴 계획이라는 것 정도는 충분히 알고 있었고, 고종에게 사절 파견을 건의하였을 것으로도 추측된다. 고종은 1905년 후반 무렵에 이미 헤이그에서 제2회 만국평화회의가 열릴 것을 알고 있었다. 그리고 러시아 측도 1905년 10월 3일에 러시아공사 이범진에게 헤이그 평화회의에 관한 초청장을 보내 "대한제국의 주권불가침을 인정하며 국제회의에서 상기 견해를 밝힐 수 있도록 헤이그 국제회의에 대한제국 대표를 초청한다"라고 하였다. 고종은 프랑스어 학교 교사 마르텔을 북경에 파견, 러시아공사관을 통해 러시아가 한국 대표를 초청해줄 것을 요청한 바 있었다. 고종은 일본의 압제에 대응하여 국외에 지원을 모색하고자 하였고, 그 일환으로 헤이그에서 열리는 국제회의에 특사를 파견하고자 하였던 것이다. 그러기 위해 고종은 예측 불허의 상황에 대비해 비밀리에 이상설과 약조하고 그를 망명시킨 것으로 보인다. 적어도 1905년 연말 무렵에 한국이나 러시아 모두 헤이그 만국평화회의에 대한제국의 특사가 참석할 것을 바랐다는 점은 같다.

요약하자면 이상설은 다가올 헤이그 만국평화회의를 대비해 고종과의 사전 교감 속에 망명한 것으로 추정된다. 다만 황현이 지은 『매천야록梅泉野錄』에는 이상설이 망명 이전에 고종의 특명을 받지는 않은 것으로 서술되어 있다. 즉, 이상설은 이준의 헤이그 밀사행 중간에 합류하였다는 것이다. 이 기록대로라면 이상설이 망명 당시에 특명을 받았다고 단정하기는 어렵다. 그러나 황현의 기록과는 달리 다른 여러 기록에는 사전에 고종의 특명을 받은 것으로 나타나 있다. 1907년 7월 9일자 『대한매일신보』에 의하면 이상설은 출발 전 황제로부터 특사의 인수印綬, 즉 인장을 받았다고 했으며, 주요한이 지은 『추정秋汀 이갑李甲』에도 고종이 적극 계획하여 이상설을 미리 망명시켰다는 기술이 나타난다.

1907년 화란의 헤이그에서 만국평화회의가 열린다는 소식이 알려지자 고종은 일본의 야망을 폭로할 결심을 하고 비밀리에 참찬 이상설을 블라디보스토크에 대기시켰다. 이 소식을 알게 된 이갑은 사태의 중요성을 파악하고, 동지인 안창호 및 이동녕, 유동열, 전덕기(상동교회 목사), 이종호 등과 밀의하여 이준을 이상설과 함께 보내기로 계획하였다. 이에 별입시別入侍 김명준을 통해 고종에게 뜻을 전하여 허락받고 일찌감치 이준에게 고종의 밀칙을 휴대하고 이상설과 함께 헤이그로 가게 하였다.

이상직李相稷이 쓴 『한말잡보韓末雜報』에서도 이상설이 한국을 떠날 때 이미 고종의 밀칙까지 휴대한 것으로 기록하고 있다. 한편, 강상원姜相遠도 『이보재선생약사李溥齋先生略史』 초안에서 이상설이 출발 전에 이미 특명을 띠었던 것으로 기록하고 있는데, 이상설이 고종에게 상주한 결과 1906년 초에 고종이 친필로 어찰을 내려서 기회를 잃지 말고 전력을 다하여 일을 성취하도록 분부한 것으로 되어 있다. 글씨체가 분명 고종의 친필이었고, 친서를 내리기까지는 박 상궁, 전덕기 목사 등이 내밀히 활약하였으며, 정계에서는 서정순·이도재 등의 후원이 있었고, 미국인 헐버트, 영국인 배설裵說 등의 도움도 있었던 것으로 되어 있다. 이 자료의 내용은 이시영의 증언을 토대로 한 것으로 알려져 있다. 내용은 "궁중 사람(상궁)이 은밀히 상동교회를 다녀갔다"거나 "상동교회의 전덕기 목사집 사랑방이 헤이그 밀사의 온상이었다"라는 기록과 함께 이상설과 고종의 사전 교감에 대한 신뢰를 더하게 한다.

위당爲堂 정인보鄭寅普(1893~1950)는 이상설을 숭모하여 전기를 쓰고자 하였으나 자료를 모을 수 없어 애석해하다가 후일 5언 장시長詩로 이상설을 평하였다. 그는 "지난날 압록강 가에 있을 때에 슬그머니 오시어 이 얘기 저 얘기를 남겨 두시었도다. 떨어진 나뭇가지라도 쥐어 잡을 것 같은데 얼굴빛은 아직 방불하시구나"라고 하며, 이어 "구중九重의 임금께 은밀히 연락하여 멀고 먼 천외天外에 헤이그로 가라는 명을 받았네. 뜬구름 어디로 빠지는 곳이냐. 늦은 봄 삼월 달에 선고先考께 제사 올리고 천천히 집을 걸어 나섰네. 새벽안개는 서쪽 성을 덮었고, 낙산駱山을 비친 달에 인적은 끊겼네"라는 시를 남겼다.

이상의 내용은 이상설이 서울을 떠날 때 황제의 밀명을 받았음을 충분히 짐작하게 한다. 정인보가 이상설을 직접 대면할 수 있었던 시기는 1910년에서 1912년 사이이다. 그때 정인보는 이상설에게서 특사에 관한 이야기를 직접 듣고 이런 시를 남긴 것으로 추정된다. 정인보는 18세가 되던 1910년에 압록강을 건너가 유하현에 도착했고, 그곳에서 안효제安孝濟·신규식申圭植·신채호申采浩·문일평文一平 등과 귀한 만남을 가졌다. 1913년 상해로 갔다가 부인이 세상을 떠났다는 비보를 듣고 그해 10월 상해를 떠나 귀국길에 올랐다. 이상설이 13도의군·성명회·권업회·『권업신문』 등에 관계하면서 연해주의 블라디보스토크를 오갔던 그 당시이다.

그 외 유자후柳子厚의 『해아밀사海牙密使』와 『이준선생전李儁先生傳』에는 이상설·이준 등이 적극 주창한 것으로 되어 있다. "이상설 선생은 고종황제께 친히 상주하는 기회를 얻어 평리원검사 이준과 같이 해아 밀사로 가서 국권회복을 도모할 건에 대하여 극비밀리에 윤허를 얻고 우선 러시아로 가서 이범진 부자를 만나 연락하는 동시에 이위종 씨를 통역으로 대동할 일을 논의하기 위하여 경우를 보아 이위종 씨도 밀사로 할 일까지 2단, 3단의 준비를 하여 먼저 출발하였다"라는 내용이 나타난다. 이상설이 황제에게 특사의 구성까지 윤허를 얻어 떠났다는 것이다.

이상을 종합해 보면 황현의 기록 외에는 대부분 이상설이 국내를 떠날 때 이미 황제의 특명을 받은 것으로 기록하고 있음을 알 수 있다. 전남 구례에 머물러 있던 황현은 서울이나 여러 지방에서 들려오는 소문을 기록하였으나, 이시영이나 정인보, 이갑 등은 직접 고종과 접촉하였거나 서울 궁정 내외의 사정에 정통한 이들의 증언을 담고 있다는 차이점이 있다.

서전서숙 건립과 민족교육

이상설은 이동녕과 함께 서울을 떠나 블라디보스토크에 도착하였다. 이상설은 그곳에서 다시 황달영黃達永·정순만王昌東·김우용金禹鏞·홍창섭 등과 함께 연길현 용정촌으로 이동하였다. 이상설이 이곳을 택한 것은 많은 한인들이 그곳에 이주해 있었고, 북쪽으로 러시아를 통해 외교를 진행하기에 편리하며, 한국과도 가까워 국권회복의 근거지가 될 수 있었기 때문이었다.

이상설은 서울에서 부친이 대대로 물려받은 가산을 정리한 뒤 떠났는데, 그 재산을 모두 바쳐 1906년 10월경 그곳에 서전서숙瑞甸書塾이라는 학교를 세웠다. 서전서숙은 서전의숙瑞甸義塾이라고도 불렸다. '서전瑞甸'이란 용정 일대의 평야를 가리킨다. 서전서숙은 대한제국기에 국권회복을 목적으로 만주에 처음 설립된 신교육기관이자 오늘날 전 세계에 퍼져 있는 해외 한민족교육의 선구적 사례이다. 이상설의 서전서숙 설립은 헤이그특사 파견을 위한 사전 계획 수행의 하나로 분석된다.

이상설은 용정의 천주교 회장 최병익崔秉翼의 집을 매입하여 개조하였다. 숙장(교장)은 이상설, 교사는 김우용·황달영 등이었고, 운영은 이동녕과 정순만이, 필요 경비는 이상설이 부담하였다. 교원의 월급, 학생들의 교재나 지필묵 구입을 위한 모든 경비는 이상설이 대부분 부담하였으며, 학생들은 무상으로 수학하였다. 처음에는 인근의 한인 학생들에게 입학을 권유하다가 나중에는 멀리 두만강을 건너 회령·종성·온성 등에까지 가서 입학을 권유하였다. 일본 측 조사에 따르면 이상설이 혼자

비용을 부담한다고도 하고, 이상설이 5,000원, 전공달과 왕창동이 각각 500원, 김동환이 300원, 홍창섭이 100원을 충당하는 등 직원들이 합자하였다고도 한다.

건물은 70평 정도였고, 처음의 학생 수는 22명이었다. 갑·을·병 반으로 나누어 청년반과 초등반 등이 있었다. 학과목으로는 역사·지리·정치·수학·국제법·헌법 등이 있었으며, 철저한 항일 애국 독립사상 고취에 중점을 두었다. 이때 이상설은 갑반의 산술을 가르쳤으며, 자신이 직접 저술한 『산술신서』(上·下)를 교재로 썼다. 교육의 내용은 신교육이 주를 이루었지만, 항일 민족교육의 성격을 띠었으며, 체제는 독립군양성소 같았다.

일본 측에서는 이상설의 서전서숙에 대해 은밀히 내탐 활동을 하였다. 1907년 초 일제 통감부에서는 만주의 전초기지 역할을 하기 위한 북간도파출소를 두고자 하였다. 이때 출장소의 후보지를 물색할 겸 일본군 중좌 사이토 스에지로齋藤李治郞와 관변학자 시노다 지사쿠篠田治策를 밀파한 일이 있었다. 시노다 지사쿠는 법학자로서 이왕직 차관李王職次官을 거쳐 이왕직 장관李王職長官을 지낸 인물이다. 그는 1920년대와 1930년대에 『고종태황제실록』·『순종황제실록』 등을 편찬할 당시에 이왕직 차관으로 참여하였고, 1938년에 간행한 오다 쇼고小田省吾의 『덕수궁사德壽宮史』 발간 당시에는 이왕직 장관으로서 서문을 쓰는 등 한국 황실의 역사와 문화에 관련된 일을 감독하고 집행한 총독부 측의 주요 인물이었다.

청일전쟁과 러일전쟁 전후 수많은 일본의 밀정과 러시아 밀정들이 그러했듯이 이들도 상인으로 변장하고 서전서숙을 찾아갔다. 이때 이상설과 마주쳤으나 이상설은 이들을 거들떠보지도 않고 나가버렸다. 무시를 당한 이들은 분통을 터뜨렸다고 한다.

이후 1907년 통감대리 하세가와 요시미치는 일본 외무대신 하야시 다다스林董에게 서전서숙에 대한 조사 내용을 보고하였다. 여기에 설립 경위나 취지, 직원과 경력, 자금, 교과 및 학생의 수, 시국에 대한 직원의 태도, 학교의 장래 등이 좀 더 자세히 드러나 있다.

서숙의 설립자는 이상설·이동녕·황달영·홍창섭·정순만 등 6명이며, 그 주창자는 이상설이다. 1906년 5월 이상설은 이동녕과 상의하여 경성을 출발하여 상해를 거쳐 블라디보스토크에 들어왔다. 별도로 동년 6월경 황달영·정순만·김동환 3명은 시찰이라 칭하고 블라디보스토크에 이르러 이상설·이동녕 등과 협의한 뒤 7월경 5명이 간도로 출발하였다. 도중에 홍창섭과 만난 일행은 용정촌에 도착하여 1906년 12월에 학교를 설립하였다. 이상설은 간도 땅이 문화에 뒤지니 이곳의 개발을 주요 목표로 한다고 하였다.

1907년 일본 측의 조서 보고에는 숙장(교장) 이상설은 경성 저동 출생이며, 38세 정도로 법부협판을 한 사실이 있고, 불어에 통한다고 기록되어 있다. 또, 그들은 이상설이 금년 5월 서숙의 일을 그만두고 블라디보스토크에 나가 평화회의에 파견되는 한국 황제의 밀사에 가담하였다고 하였다. 그 외 이량(이동녕)은 충청도 회인 출생으로 8월 중 이곳을 떠났으며, 김동환 1인만이 잔류하여 서숙의 일에 종사하고 있는데 그는 평양 출생으로 일본어가 조금 통한다고 파악하였다.

서숙의 자금은 이상설 1인이 주로 부담하고 있다고 한다. 각 직원이 합자로서 100원을 각각 준비하여 이상설 5,000원, 전공달·왕창동은 각 500원, 김동환은 300원, 홍창섭은 100원을 충당하였다고 한다. 교과목은 산술·습자·독서·지리·법률 등이 있으며, 중학 정도 수준이었다. 생도는 당촌 및 부근 각 촌락에서 온 학생들로, 기숙생활을 하며 학생 수가 70여 명에 달할 때가 있었다고 하였다.

그런데 이듬해 일본 측은 설립의 목적, 자본금의 출처 등에 대하여 다소 의문을 가졌다. 이들은 이상설이 당시 블라디보스토크에 있는 전 군부대신 이용익 및 상해에 있는 전 경성 주재 러시아공사 파블로프 사이를 왕복한 형적이 있다는 설에 대해 언급하고 있다. 특히 일본 측의 파출소가 들어서자 자금의 결핍을 명목으로 곧 폐교하고, 그 직원 등은 각자 귀향하려고 하는 것 같은 상태라고 하고 있다. 이상설 등은 헤이그특사와 관련하여 모종의 계획을 준비하고 있었고, 일본 측은 이상설 등의 궁극 목적이 무엇인지 의심하던 정황이 드러난다.

서전서숙은 헤이그특사로 이상설이 현지를 떠난 후 문을 닫았다. 이상설의 부재와 자금 결핍, 간도파출소 설립을 통한 일제의 감시와 정찰 등 여러 요인이 작용하였다고 볼 수 있다. 서전서숙이 폐교된 것은 1907년 9월 초라고 알려진다.

그 사이 이상설이 이동녕·정순만 등과 블라디보스토크를 향해 1차로 떠난 것은 1907년 4월 3일이다. 표면적으로는 훈춘琿春에 학교를 하나 더 세우러 간다는 이유를 내세웠다. 약 한 달 뒤 이동녕은 이상설의 아우 이상익과 함께 돌아왔다. 이후 이상설은 다시 블라디보스토크로 가서 이준 등과 함께 헤이그로 떠났고, 다시는 용정으로 돌아오지 못하였다.

서전서숙

    이상설이 떠나고 헤이그특사 건이 터진 뒤 일제는 항일교육의 근절을 위해 간도보통학교를 개교하였다. 각지의 서당을 매수하는 한편 서전서숙 측에 매월 20원씩의 보조금을 주겠다고 회유하였다. 서전서숙 측은 이를 거절하고 일제의 탄압을 피해 훈춘 방면으로 떠나 탑두구塔頭溝 근처에서 수업을 계속하였다. 그러나 1908년 8월 20일 졸업식과 동시에 폐교하고 말았다. 비록 1년의 짧은 기간이었지만, 민족교육 방침은 이후 서전서숙에서 배웠던 김약연의 명동서숙明東書塾, 한민학교韓民學校 등 간도 및 연해주 지역의 많은 민족교육기관의 설립과 박무림의 간민자치회墾民自治會 등의 항일독립운동에 큰 영향을 끼쳤다.

황제의 특사

고종의 특사 파견과 그 논리

1906년 만주의 용정으로 망명한 이상설은 이듬해 네덜란드 헤이그에서 열리는 만국평화회의에 특사로 떠났다. 이 만국평화회의는 당초 러시아 황제 니콜라이 2세의 발의로 개최되었다. 오늘날 유엔의 원조 격이라고 할 수 있다.

제1차 만국평화회의는 1899년 헤이그에서 열렸다. 헤이그가 평화회의 장소로 선택된 것은 국제법의 창시자로 저명한 법학자 그로티우스 Hugo Grotius의 고향이 가깝다는 점도 중요한 작용을 하였다. 제2차 회의도 헤이그에서 열릴 예정이었는데, 제안국은 러시아, 주최국은 네덜란드였다.

제1차 만국평화회의는 26개국 대표들이 헤이그의 여왕궁에 모여 주로 군비 축소Arms Reduction와 중재Arbitration 문제를 논의하였다. 그 결과 중재재판소 설립안을 합의하였다. 이를 주장한 오스트리아 출신 평화운동가 스투너Berta Von Suttner 여사는 1905년 이에 대한 공을 인정받아 노벨평화상을 받았다. 그러나 이러한 외형과 달리 유럽의 강대국들과 미국은 각기 군비 증강에 열중하며 아시아와 아프리카에서 식민지 쟁탈전을 벌이고 있었다. 군비 축소에 대한 각국의 실제 반응은 냉담하였고, 그 결과도 회의적이었다.

그 후 1907년 6월부터 10월 사이에 열린 제2차 만국평화회의에는 46개국에서 주로 외교관과 군인들이 대표로 참석하였다. 주요 의제는 전쟁법규Law of War의 제정이었다. 대한제국의 특사가 참석하고자 한 헤이그 만국평화회의는 바로 이를 논하는 자리였다.

대한제국은 1899년 열린 제1차 만국평화회의에는 초청을 받지 못하여 참석할 기회조차 없었다. 하지만 고종은 두 번째 열리는 회의에는 반드시 참석하여 한국의 존재를 알리고자 하였다. 이에 외부대신 박제순을 통해 만국평화회의 총재인 네덜란드 외부대신에게 공문을 보내기도 하였다.

그렇다면 고종은 무엇을 근거로 특사를 파견할 생각을 하였을까. 회의를 발의한 측이나 이를 개최한 측에 아무런 시사나 사전 통고 없이 행동한 것은 아니었다. 비록 공식 초청장을 특사가 휴대하지는 못했지만, 대한제국 정부 측이 사절을 파견할 충분한 근거가 있었다.

첫째, 러시아와 네덜란드 등 관계국은 대한제국을 초청하겠다는 공식적 의사를 수차례 밝혔다. 1904년 러시아 외부대신 람스도르프V. N.

Lamsdorff는 러시아 주재 대한제국 공사 이범진에게 장차 한국이 초청될 것이라고 언급하였다. 그때 이범진은 한국 황제의 명으로 다가오는 만국평화회의 수석대표로 임명되었으므로 신임장은 여전히 유효하다고 밝힌 일이 있었다. 또, 1906년 2~4월에 만국평화회의 주관국인 네덜란드에서 47개국에 회의를 알리는 초청서를 발송하였는데, 그 명단의 12번째에 'Corée', 즉 한국이 기록되어 있었다.

둘째, 대한제국 정부에서도 러시아나 네덜란드 측에 만국평화회의 참석에 관한 희망을 누차 피력하였다. 『구한국외교문서』에는 벨기에 총영사 뱅카르가 대한제국의 외부대신에게 보낸 공문, 대한제국의 외부대신이 네덜란드의 외부대신 겸 만국평화회의 의장 마페에게 보낸 공문이 실려 있다. 그 내용은 "헤이그 만국평화회의에 관한 모든 문서를 브뤼셀을 거쳐 우편으로 보낸바, 본 영사(뱅카르)는 이를 접수하는 즉시 한국 외부에 교부하겠다", "차기 만국평화회의에는 간절히 참가하기를 바라는 바 적십자사와 만국평화회의에 참가할 수 있도록 잘 주선하여주기 바란다" 등이다.

셋째, 1905년에 체결된 을사늑약은 1904년 러일전쟁 직후에 한·일 사이에 체결된 한일의정서와 크게 모순되었다. 한일의정서는 러일전쟁이 발발한 지 약 2주 뒤 외부대신 이지용과 주한 일본공사 하야시 곤스케 사이에 서울에서 체결되었다. 한일의정서에서 주목할 것은 "동양 평화를 위해 일본은 대한제국 황실을 안전 강녕케 하고, 대한제국의 독립과 영토 보전을 확실히 보증한다"라고 밝힌 1~3조의 내용이다. 일본은 군략상 필요한 지점을 수시로 활용할 수 있다는 4조의 단서가 일본의 주목적이기는 하지만, 동시에 황실과 한국의 독립을 위해하지 않는다는 것을 문서상으로 분명히 약정한 바 있었다. 일본 측에서 한국의 관민 상하를 현혹하고 대외적으로 그럴듯하게 표방하기 위한 것임을 모르는 것은 아니지만, 적어도 형식적으로는 그런 논리를 내세웠다. 한국 측에서는 개화된 문명국 일본의 약속을 믿어보자는 입장이 일부 있기도 하였다. 헤이그특사의 일원이었던 이준도 한때는 일본에서 한국의 근대화를 호의적으로 지원하리라는 생각을 가졌을 정도였다. 그러나 한일의정서를 체결한 후 약 20개월이 지나 1905년 11월에 강요한 을사늑약은 위의 의정서와는 모순된 것이었다.

즉, "한국 황실의 안녕 강녕과 대한제국의 독립 및 영토 보전을 보증한다"라고 한 약 1년 전의 약속과는 정반대로 대한제국의 외교권을 박탈하는 내용을 주요 골자로 하는 '조약 아닌 조약'을 대한제국 정부를 강박하여 체결한 것이다. 을사늑약의 핵심은 한국의 외교권을 일본이 행사한다는 것, 이를 위해 한국에 통감을 둔다는 것이다. 일본은 불과 1년 전에 스스로 약정한 한일의정서를 부정하고, 그와 정반대의 내용을 담은 조약을 강요한 셈이다. 그렇다고 이전의 한일의정서를 한국이나 일본이 공식적으로 파기한 것도 아니었다. 을사늑약은 대신들은 물론 군주까지 협박해가며 추진한 것이었고, 고종의 위임이나 승인 없이 강제적으로 맺은 것이었다. 어떻게 보아도 조약으로 인정되기에는 결격 사유가 너무 많았다. 결국 을사늑약이란 것은 이름도 붙지 않은 협박 문서에 지나지 않았다. 고종은 이런 모순점에 주목하여 일본이 약조를 어기고 대한제국 정부에 늑약을 강요한 사실을 폭로하고자 하였다. 장지연도 『황성신문』의 '시일야방성대곡'이라는 사설에서 이 점을 지적하며 일본의 배신행위라고 성토하였다. 이위종도 한국의 호소를 피력할 때 이 점을 지적하였다. 고종이 을사늑약의 불성립을 주장하는 논거로 두 협약에서 모순되는 사항을 지적한 것은 일리가 있다.

넷째, 고종은 만국평화회의에서 표방하였던 '평화와 정의' 및 '법과 정의'에 주목하였다. 그곳에서는 영국의 언론인 스테드William Thomas Stead나 오스트리아의 작가 스투너 같은 평화주의자들이 인류의 평화를 위해 노력하고 있었다. 참가국들도 세계의 평화를 표방하였다. 물론 겉으로만 평화를 표방할 뿐 진실성이 모자란 점도 있었지만, 대한제국으로서는 만국평화회의에 참가한 세계 각국에 일본의 평화 파괴 행위를 성토하고, 한국의 국권 수호를 위해 지원을 호소하는 것이 전혀 이상할 것이 없었다.

만국평화회의 회의장Ridderzaal 앞에서 이위종은 신문기자에게 "열국은 왜 한국의 대표를 외면하는가? 평화회의란 무엇이고, 정의란 무엇인가? 법의 신, 정의의 신, 그리고 평화의 신을 찾아 우리가 그 제단이 있는 헤이그까지 왔는데, 도대체 이 방 안에서 세계의 대표들은 무엇을 하고 있는가?"라고 물었다. 당시 이위종의 인터뷰 내용은 「축제 때의 뼈다귀」라는 제목으로 신문에 실렸다. '축제 때의 뼈다귀'란 이집트의 관습으로, 회식을 즐기는 사람들에게 죽음을 생각하라는 뜻에서 상에 놓은 뼈다귀이다. 세계 각국이 회집한 장소에서 표방한 평화, 정의, 법의 신 등은 희망이 보이지 않던 약소국의 군주와 국민에게 최후의 기대를 품게 하고도 남음이 있었다.

광무황제

이처럼 고종은 만국평화회의에 특사를 파견하는 문제에 대해 나름의 논리와 근거를 가지고 있었다. 요컨대 러시아와 네덜란드 등의 관계국과 한국 사이에 평화회의 초청에 관한 언질 및 공문 교환이 있었던 점, 한일의정서와 을사늑약의 내용에 모순이 있다는 점, 즉 일본이 한국과 약정한 한일의정서를 위배한 점, 만국평화회의가 정의와 평화를 고창하고 국제사회의 정의를 표방한다는 점 등은 고종이 특사를 파견할 충분한 근거와 명분이 되었다.

특사의 구성과 해외의 후원자

1907년 6월에 열린 제2차 만국평화회의에 고종이 파견한 특사는 정사正使 이상설, 부사副使 이준, 그리고 통역 겸 부사인 이위종 등 3인이다. 그리고 이들 외에 고종이 별도로 파견한 외국인 특사가 있었는데, 바로 미국인 헐버트이다.

정사의 역할을 담당한 이상설은 당시 38세였으며, 1905년에는 의정부 참찬으로 있으면서 그해 11월 체결된 을사늑약의 실상을 가장 정확히 목도한 인물이었다. 49세였던 이준은 일본에 잠깐 유학한 바 있고, 한국 최초의 법관양성소를 졸업한 뒤 최초로 임명된 검사 중 한 사람이었다. 그는 국제법에 밝았고, 전덕기 목사가 담임하던 상동교회를 기반으로 기독교청년회장을 역임하며 청년회 활동에도 주력하였다. 러일전쟁 당시 일본 측이 황무지개척권을 요구하자 보안회에서 이를 배척하는 주역을 담당하였다. 이후 공진회·신민회·헌정연구회·국채보상연합회 등에서 활동하였고, YMCA의 명연설가이기도 하였다. 그의 애국 활동과 국제법에 대한 지식 등을 고려하여 고종은 그를 특사의 일원으로 선발하였다. 특사로 임명을 받고 서울에서 출발한 사람은 3인 중 유일하게 국내에 있던 이준이었다.

그런데 헤이그 현지 언론에서는 이위종을 한국의 대표이자 한국의 왕자로 보도하기도 하였다. 1907년 6월 30일자 『헷 화더란트Het Vaderland』에는 "몇몇 한국인들이 평화회의 의장 비서를 방문하여 두 가지 항의를 의장에게 제출하고자 하는바, 첫째는 한국이 평화회의에 참석하도록 초청받지 못한 이유가 무엇인가 하는 것이고, 둘째는 일본의 한국 주권 탈취에 대해 항의하려고 한다는 것이다. 한국 측 대표단의 우두머리는 왕자인 이위종(원문에는 'Prince Tjying Chi Yi')으로 2명의 한국인 수행원이 있다. 평화회의장은 그들 대표단을 받아들일 수 없는데, 그 이유는 네덜란드 정부에서 발급한 공식 소개장을 휴대하지 않은 경우 어떤 대표단도 받아들일 수 없기 때문이라고 하였다"라는 내용의 기사가 실렸다.

이 기사를 보면 1907년 헤이그 현지에서 한국 특사단의 대표로 인식한 사람은 이위종이었던 것 같다. 그를 왕자라고 칭한 것도 흥미를 끈다. 참고로 이위종은 전주이씨 광평대군廣平大君의 후예로, 세종의 다섯째 왕자인 광평대군은 태조의 강비 소생인 방번芳蕃에게 양자로 입적된 인물이다. 어릴 적 이위종은 미국, 유럽 및 러시아 주재 공사로 부임한 부친 이범진을 따라 7세 때부터 해외에서 성장하면서 영어·프랑스어·러시아어 등을 익혔다. 이위종은 헤이그특사의 임무를 수행하는 과정에서 각국의 사절이나 해외의 언론인을 만나 통역을 담당하며 인터뷰를 하였다. 이 과정에서 왕실 인물의 후예인 그를 한국의 왕자Prince로 인식되거나 그가 특사의 수석(정사)인 것으로 표현되기도 하였다. 언론을 통해 특사 활동 효과를 높이기 위해 착안한 것으로도 보인다.

한편 이들과는 별도로 고종의 위임을 받은 헐버트의 활동도 주목된다. 헐버트는 특사의 활동 이면에서 역할을 한다는 양해 하에 임무를 수락한 뒤, 가족과 함께 스위스로 가서 조만간 있을 만국평화회의에 제출할 청원의 기초 작업을 하였다. 그는 이 기간에 제1차 만국평화회의에서 기자로서 이름을 날린 영국의 언론인 스테드를 만났다. 스테드는 제2차 만국평화회의에 대해 보도하던 일간지『평화회의보Courrier de la Conférence』의 편집을 맡은 인물이었다. 헐버트는 스테드가 발간하는 그 일간지에 한국 특사의 임무와 활동에 대해 보도할 수 있도록 사전 조처를 해두었던 것이다. 고종이 이처럼 헐버트에게도 사명을 부여한 것은 그가 미국인으로서 지닌 장점이 있었고, 인류애에 대한 그의 신뢰가 충분히 믿을 만하다고 판단하였기 때문이다. 이후 헐버트는 특사의 주장을 영문으로 번역하여 소개하고, 서양인 협력자들을 주선하는 일을 담당하였다.

헤이그에 도착한 이상설 일행은 일본을 제외한 각국 대표에게 공고사控告詞를 배포하였는데, 그 내용은 1년 전 황제가 헐버트에게 내려준 칙서와 대체로 차이가 없었다. 윔스Clarence N. Weems는 헐버트가 이상설 일행이 헤이그에 도착하기 전에 공고사를 영역英譯해두었고, 불역본은 특사 일행이 헤이그에 도착하기 전에 이위종이 번역해둔 것이라 주장하였다. 헐버트를 파견한 것은 이처럼 양측의 활동을 통해 특사의 활동을 효과적으로 지원하여 상승효과를 거두기 위한 조처로 생각할 수 있다. 실제로도 헐버트는 헤이그에 도착하기 이전부터 별도 역할을 수행하였고, 헤이그에서는 측면에서 이상설 일행을 지원하였다.

그 외에도 미국에 거주하며 영어에 능통한 윤병구와 송헌주 등이 이상설의 요청으로 헤이그를 방문하여 특사의 임무 수행을 적극 지원하였다. 그리고 윤진우와 민영돈도 특사의 활동을 도왔다. 이중 윤병구는 1903년 선교사 자격으로 헤이그로 건너가 신민회를 조직하고, 『시사신보』를 창간한 인물이다. 에바 친목회를 결성하여 일본 상품 배척운동을 하였고, 1905년 이승만과 함께 뉴욕 롱아일랜드의 루스벨트 별장을 방문해 한국의 독립을 호소하기도 하였다. 다시 헤이그로 와서 특사 이상설 일행에 합류한 그는 국제기자단 협회에서 한국을 위한 연설을 하였다. 이들 외에도 미국에서는 박용만을 비롯한 한인 교민들이, 러시아에서는 이범진, 차 니콜라이(러시아 귀화 한인 2세) 등이 특사를 후원하였다.

궁궐 안팎의 협력자

이상설은 1906년에, 이준은 1907년에 서울을 떠났다. 모두 서울을 떠나기 전 고종에게서 직간접으로 특명을 받았음이 거의 분명하다.

러일전쟁 발발 후 경운궁은 일본군의 경비가 삼엄하였고, 일본 측 첩자의 감시 또한 심하였다. 따라서 아무나 궁에 출입할 수 없었고, 궁중의 인물 혹은 궁중과 특별한 관계가 있는 인물들만 출입할 수 있었다. 고종이 어떻게 특사의 파견 문제를 구상하고, 어떻게 특사를 선정하고 신임장을 전달했는지 등등은 사실상 많은 궁금증을 자아내는 부분이다.

이상설은 고종을 직접 알현하여 의견을 개진할 수 있는 신분이었지만, 이준은 직접 고종을 알현하여 특명을 받을 기회가 거의 없는 처지였다. 그렇다면 어떻게 고종의 명을 받을 수 있었을까.

고종 측근의 인물들을 점검해볼 필요가 있다. 그중 하나가 조정구다. 앞에서도 언급했듯이 그는 흥선대원군의 사위이자 고종의 매형이다. 그런데 그에게 남승南升·남익南益·남복南復·남진南晉 4형제와 두 딸이 있었다. 그중 첫째 딸 계진季珍은 우당 이회영의 아들 이규학과 혼인하였다. 이회영 가문은 소론, 조정구의 가문은 노론이지만, 이들을 이어준 인물이 조완구였다. 이들은 독립운동을 하면서 고종과 해외의 독립운동 세력을 이어주는 역할을 하였다. 황실과 인연이 깊었던 조정구는 비교적 궁중 출입이 용이한 편이었다. 아울러 그의 아들이자 고종의 생질인 남승·남익·남복은 대한제국 당시 주전원主殿院·시종원侍從院·비서원秘書院 등에서 근무하였다. 이들 형제는 을사늑약 당시 현장에 가장 가까이 있

수옥헌(중명전, 1899년 아펜젤러 촬영)

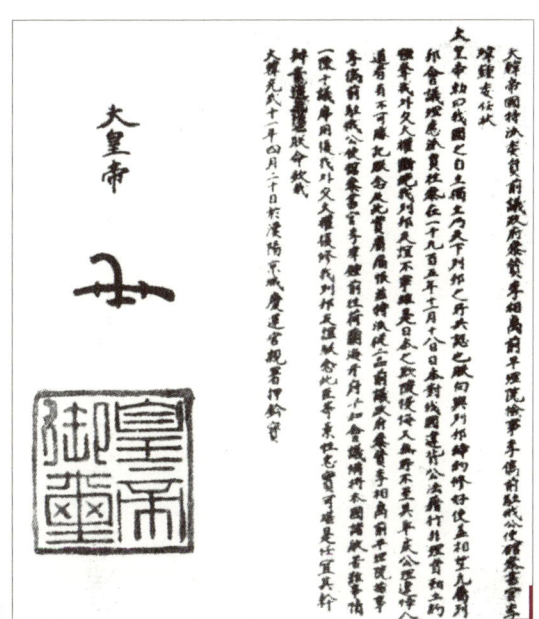

광무황제의 헤이그특사 위임장

황제의 특사 101

광무황제의 어새

었고, 헤이그특사 파견 당시에는 내시 이교영 등을 통해 밀지를 전하며 궁중 안팎을 연결해주었다.

2009년 4월 서울의 국립고궁박물관에서는 해외에서 입수한 광무황제의 어새御璽가 전시된 일이 있었다. 헐버트 박사 기념사업회에서는 그 어새가 찍힌 영문 문서를 발굴하기도 하였다. 그 영문 문서는 퇴위한 광무황제가 미국으로 공부하러 가는 조카 조남복을 잘 돌보아달라고 헐버트에게 부탁한 내용이 담겨 있다. 앞면은 영문으로, 뒷면은 한문으로 기록되어 있다. 문서에 적힌 날짜는 1909년 1월 1일로, 헤이그특사 사건으로부터 불과 1년 뒤였다. 조남복은 고종 때 시강원 시종관을 지냈다. 헐버트가 헤이그특사의 사명을 띠고 활동한 점, 조정구와 그의 아들들이 궁중 안팎을 연결하는 위치에 있었던 점으로 보아 이 서한은 단순한 부탁으로 보이지 않는다. 고종이 통감부 측 모르게 소장한 어새를 찍은 서한을 미국인 헐버트에게 보낸 사연이 궁금하지만, 자세한 내막을 알 수는 없다. 헤이그특사 건과 관련하여 고종의 측근에서 시종관을 지낸 젊은이를 보호하고자 유학이라는 명목을 내세워 해외로 망명시킨 것이라 해석된다.

한편 궁내에서는 상궁과 내시가, 궁 밖에서는 상동교회 주변 인물이 준비와 전달 역할을 하였다. 궁중에서는 지밀나인 김 상궁이 활약하였고, 궁 밖에서는 상동교회의 전덕기 목사를 비롯하여 이회영·이시영·이

전덕기 목사

상동교회

동녕 등이 활약하였다는 기록이 등장한다. 김 상궁은 전덕기 목사의 처조카이다. 또 다른 기록에는 일본의 감시와 경계가 심한 궁중과 궁 밖을 연결하기 위해 이회영이 내시 안호형安鎬瀅과 연락하였고, 헐버트를 통해 부사인 이준에게 신임장을 전달했다고 되어 있다.

헤이그특사 파견에 관한 대강의 지침은 고종이 내렸고, 상세한 준비와 각종 연락은 궁 밖의 상동교회 주변 인물들과 궁중의 내시와 상궁 등 수많은 인물들이 목숨을 담보로 협력하여 이루어졌다. 이렇게 볼 때 상동교회는 궁 밖에 있었지만, 사실상 헤이그특사 파견을 위한 비밀 논의와 집회의 중심 장소였다. 특사 파견에 관여한 인물들도 헐버트나 궁중 내 고종의 측근 인사들을 제외하면 대부분 상동교회 측 인사들이다. 그래서 경운궁의 수옥헌이 특사 파견과 관련한 궁중의 중심지였다면, 상동교회는 궁 밖의 '온상溫床'이었다는 평가도 있다.

이토 히로부미는 1907년에 상동교회 등 기독교 세력에 대해 불만을 토로한 바 있었다. 영국의 세실 경을 만난 자리에서 "일본 최대의 위험 존재는 한국의 기독교이다. …… 한국에서 기독교와 일본이 공존할 수 없다. 어느 쪽인가 하나는 사라져야 한다"라고 하였다. 총독부 측에서 1911년에 주로 조선의 기독교도 측을 겨냥하여 날조한 '105인 사건'도 이런 맥락과 결코 무관하지 않다.

헤이그특사의 사명

고종은 헤이그에 한국의 특사를 파견하면서 이상설·이준·이위종에게는 물론, 미국인 헐버트에게도 별도의 사명을 부여하였다. 이상설·이준·이위종에게 특사의 사명을 위임한 고종의 신임장 요지는 다음과 같다.

> 한국의 자주독립은 세계 각국이 인정한 바이다. 한국은 각국과 조약을 체결하였으니 열국 회의에 사절을 파견하는 것이 도리이다. 1905년 11월 18일 일본이 외교대권을 강탈하여 우리와 열국의 우의를 단절시켰다. 일본이 공법과 인도를 어기며 기만하고 능멸한 것이 이루 다 말할 수 없다. 종이품 전의정부 참찬 이상설, 전 평리원 검사 이준, 전 주러시아공사관 참서관 이위종을 화란의 헤이그 만국평화회의에 특사로 파송한다. 우리나라의 제반 고난과 사정을 회의장에서 피력하여 우리의 외교대권을 회복하고 우리와 열국과의 우의를 회복하게 하라.
>
> 대한 광무 11년 4월 20일 한양 경성 경운궁

위 신임장의 골자는 두 가지이다. 하나는 일본이 한국의 외교대권을 침해하였다는 것이고, 또 하나는 공법을 위배한 일본을 성토하며 한국의 외교대권 회복을 희망한다는 것이다. 요컨대 고종은 을사늑약이 비합법적임을 밝혀 한국의 외교대권을 회복하고자 특사를 파견하였음을 밝히고 있다.

고종이 이상설·이준·이위종에게 부여한 사명은 1906년 6월 헐버트가 서울을 떠날 당시 부여한 사명과 같았다. 1906년 6월 헐버트에게 준 신임장 요지는 다음과 같다.

짐은 헐버트를 미국·영국·프랑스·독일·러시아·오스트리아·헝가리·이탈리아·벨지움 및 중국 정부에 특별사절로 임명한다. 차제에 그에게 전권을 부여하여 짐과 또 대한제국의 제반 관계를 위해 열거한 제국 정부에 대표케 한다. 동시에 짐은 그에게 한국의 정치 현황에 관한 문서를 각국 정부에 전달케 하고 본국 정부와 일본 정부 간에 야기된 여러 가지 문제를 헤이그 평화회의에서 현 사태의 조정을 담당하도록 특별 사절의 자격을 부여한다.

이상에서 보듯이 고종이 이상설 일행과 헐버트에게 부여한 사명의 취지는 같다. 이상설 일행의 신임장에는 황제의 어새가 찍혀 있지만, 헐버트에게 발행한 위임장에는 누락되어 있다는 점과 같은 형식상의 소소한 차이가 있다. 이렇게 볼 때 고종의 특사는 이상설 일행과 헐버트 등 두 팀이 되는 셈이다. 그러나 헐버트는 현장의 이면에서 활동할 것을 조건

헐버트 박사

으로 특사의 임무를 수락하였다는 기록이 있다. 고종이 양측의 역할에 다소 차이를 두었음을 알 수 있다.

이준이 고종에게서 사명을 부여받고 서울을 떠난 1907년 4월 20일을 기점으로 헤이그특사 사명은 이상설 등 3인에게 위임된 것으로 볼 수 있다. 요컨대 헤이그특사의 중심은 이상설 일행이고, 헐버트에게는 측면 지원의 역할이 부여되었던 것이다.

한편 특사 일행은 또 하나의 중요한 사명을 고종에게서 부여받았다. 그것은 유럽 각국과 미국 등지를 순방하면서 한국의 독립 지원을 호소하고 영세 중립을 위해 노력하는 것이었다. 특사의 또 다른 사명은 이상설 일행이 헤이그에서 임무를 마치고 미국으로 떠나기 직전에 가졌던 기자회견의 내용에도 잘 나타나 있다. 1907년 8월 28일자 『대한매일신보』에 다음과 같은 내용이 실려 있다.

우리 사절의 임무가 실패하였다고 보지 않는다. 임무 수행 방안을 논의 중이고 아직 결말을 보지 못했다. 황상 폐하께서 우리를 파견하실 때 헤이그 회의에만 참가하라 하신 것이 아니라 구미 각국을 방문하여 한국이 현재 일본의 압박을 받고 있는 정황과 독립권을 결코 버리지 아니할 것이라는 점, 일본의 보호를 받지 않을 것이라는 점을 일일이 설명하라는 명을 주셨다. 이에 헤이그 회의에 와서 열국 대표에게 우리의 안건을 제출하였다. 특별히 영국·프랑스·독일·미국의 여러 대표 위원이 한국의 분한 사정에 대해 우리가 제출한 대로 힘써 돕겠다는 확증을 접수하였고, 기타 각국도 동정을 표현하였다. 영국 정부에는 아직 사정을 진술하지 못하였으나 우리가 속히 특별 인물을 뽑아 런던에 파견하여, 한국에서 보인 일본의 행동에 대항토록 할 것이다. 지금 우리가 먼저 미국에 가서 일본이 한국에 강요한 1905년 11월의 신조약은 황상의 승낙이 전혀 없었음을 피력할 것이다. 따라서 워싱턴으로 직행, 대통령과 회견 후 각 도시를 방문하고, 영국에는 일반 관민이 단체를 구성해 수행할 것이다.

특사에게는 헤이그에서의 사명 외에도 각국을 순방하여 한국이 일본의 압제를 받는 상황과 한국은 일본의 보호를 받지 않는다는 뜻을 밝히고 각국의 후원을 요청하는 일, 해외 한인들의 결집과 단체의 구성을 고무하고 독려하여 한국의 주권 수호를 위해 노력하는 일 등이 부여되었던 셈이다.

실제로 헤이그를 떠난 이상설·이위종 등은 영국·프랑스·러시아·미국 등을 순방하며 한국의 사정을 호소하였다. 그리고 현지 한인 교민들의 집회에서 한인의 결속과 실력 양성, 단체의 조직을 강조하는 등 장래에 대비한 준비를 촉구하였다. 이러한 활동을 통해 헤이그특사 파견의 의미는 헤이그에서의 임무 수행 외에도 각국 순방과 현지 한인의 결집에 있었음을 알 수 있다.

고종이 특사에게 이렇게 별도의 사명을 부여하였다는 것은 고종 자신도 헤이그에서 쉽게 목표를 달성할 수 있을 것이라고 보지 않았다는 반증이기도 하다. 요컨대 고종의 목표는 헤이그 평화회의에만 있지 않고, '그 이후'도 염두에 두었음을 의미한다. 고종의 그러한 결심과 각오는 헐버트의 다음 증언에서도 확인된다.

> 역사에 기록될 가장 중요한 일을 증언한다. 광무제는 일본에 항복한 적이 결코 없다. 궁종하여 신성한 국체를 더럽힌 적도 결코 없다. 휜 적은 있으나 끝내 굴복하지 않았다. 생명의 위협을 무릅쓰고 미국의 협조를 구하였으나 효과가 없었다. 생명의 위협을 무릅쓰고 만국평화회의에 호소하였으나 성과가 없었다. 생명의 위협을 무릅쓰고 유럽 열강에 호소하였으나 강제 퇴위 당하여 전달되지 못했다. 그는 고립무원의 군주였다. 조선인 모두에게 고한다. 황제가 보이신 불멸의 충의를 영원히 간직하라.

이상설의 헤이그 도착과 이후 활동

1907년 4월 20일 서울을 출발한 이준은 블라디보스토크에 도착하여 이상설과 합류하였다. 이들은 시베리아 횡단열차 편을 이용하여 6월 4일 제정 러시아의 수도 페테르부르크에 도착하였다. 그들은 그곳에서 러시아 주재 공사 이범진과 협의한 뒤, 만국평화회의에 제출할 선언서, 즉 공고사를 인쇄하였다.

이들이 헤이그에 도착한 것은 6월 25일이었다. 특사 일행은 그날 곧바로 헤이그 평화회의 제1분과위원회를 방문하여 대한제국의 광무황제의 친서를 전달하고, 각국 대표의 면담을 요청하였다. 친서의 골자는 일본이 불법적으로 한국 정부의 기능을 마비시키고 외교적 활동을 막은 것에 대한 전반 문제가 평화회의에서 의제로 다루어지기를 바란다는 것이었다. 그 친서는 1907년 4월 20일 한양의 경운궁에서 고종이 친히 서명하고 어보를 찍은 것이었다.

6월 27일 특사 일행은 공고사를 프랑스어로 작성하여(3인 연명), 평화회의 의장인 러시아의 넬리도프Nelidof 및 각국의 대표와 기자들에게 전하였다. 이 공고사는 프랑스어로 된 원문에 부속 문서가 첨부되어 있었는데, 현재 네덜란드 국립문서보관소에 소장되어 있다. 공고사의 요지는 다음과 같다.

한국의 독립은 열강에 의해 보장되고 승인되었으나, 일본인들은 대한제국의 권리와 법률을 침해하였다. 일본을 규탄하는 이유는 세 가지이다. 첫째, 일본인들은 황제 폐하의 재가 없이 한일협상조약(을사오조약)을 체결하였다. 둘째, 일본은 목적을 달성하고자 대한제국 정부에 무력을 행사하였다. 셋째, 일본인은 대한제국의 법률이나 전통을 무시하고 행동하였다. 대한제국과 우방국과의 외교 단절은 대한제국의 뜻이 아니라 일본이 침해한 결과이다. 회의에 참석하여 일본의 음모를 밝혀 국권을 수호할 수 있도록 각국 대표의 호의적 중재를 간청한다.

공고사와 부속 문서는 을사늑약 체결에 관한 한국의 입장과 요구가 명확하게 표현된 역사적 문서이다. 이상설 등이 조약 체결 과정에서 실제로 경험한 내용을 정확히 담고 있으며, 을사늑약 관계 문헌 중에서도 가장 정확하고 소상히 기록되어 있다.

특사 일행은 6월 30일에는 평화회의 의장인 러시아의 넬리도프를 방문하여 대한제국 특사의 참석 문제를 제안하였다. 이어 다음 날에는 네덜란드 외상Teds van Goudriaan에게 면담을 요청하였다. 그러나 네덜란드 외상은 접견을 거부하였다. 이어 7월 2일에는 미국 대표와의 접견을 시도하였지만, 그 역시 거부당하였다.

이후 주목되는 것은 평화회의장 앞에서 연 기자회견이다. 6월 30일 자 『평화회의보』에 공고사가 실렸다. 그날 이상설 등은 다시 이를 배포하면서 신문기자와 인터뷰를 하게 된다. 장소는 만국평화회의 회의장 정문 앞이었다. 일행을 대신하여 직접 인터뷰를 한 것은 이위종이었다. 이들의 기자회견 내용은 7월 5일자 현지 신문에 실렸는데, 특사 일행의 사진과 함께 1면 톱기사로 보도되었다. 제목은 「축제 때의 뼈다귀」였다.

인터뷰에서 청년 이위종은 "왜 대한제국을 제외시키는가? 우리는 평화의 신을 찾아 그 제단이 있다는 헤이그까지 왔노라"라고 열변을 토하였다. 그는 대한제국 특사의 회의 참석을 요구하면서 일본의 폭력적 행위를 요약하여 제시하였다. 아울러 대한제국과 일본의 현안에 대해 평화회의에서 중재해줄 것을 요청하였다.

그다음으로 주목해 보아야 할 것은 각국 신문기자단이 모인 국제협회에서의 연설이다. 특사들은 또 7월 9일 영국의 저명한 언론인인 스테드가 주관한 각국 신문기자단의 국제협회에 참석하여 발언할 기회를 얻었다. 여기에서 이위종은 세계의 언론인들에게 한국의 비참한 실정을 알리고 '한국의 호소A Plea for Korea'를 전하였다. 조약 강제의 내막, 일본의 악정 비판, 한국민의 앞으로의 각오 등을 명쾌하고도 열정적으로 밝힌 것이었다. 이중 특히 주목을 받은 것은 이위종이 한국인들의 각오를 언급한 부분이다.

일본인들은 평화를 부르고 있으나 기관총 앞에서 사람들이 평화로울 수 있는가. 모든 한국인을 죽이거나 일본인이 한국의 독립과 자유를 자기 손아귀에 넣을 때까지는 극동에 평화가 있을 수 없다. 한국인들은 아직 조직화되지 않았다. 그러나 일본의 무자비하고 비인도적인 침략이 종말을 고할 때까지 대항해야 한다는 마음으로 하나가 되고 있다. 일본인들은 항일 정신으로 무장된 이천만 한국민을 모두 학살하는 일이 결코 유쾌하지도 쉽지도 않다는 것을 깨닫게 될 것이다.

이상과 같은 이위종의 절절한 호소는 각국 언론의 감동을 자아냈다. 즉석에서 한국의 처지를 동정하는 결의안을 만장일치로 의결하기까지 하였다.

한편, 헐버트는 1907년 7월에 이들과는 별도로 『뉴욕헤럴드』 기자와 회견하며 "황제는 조약에 결코 서명하지 않았다"라고 밝혔다. 헐버트는 「한일조약은 결코 조인된 적이 없다」는 제하에 기사를 실었다. 한국의 일본에 대한 가치, 일본의 야만 행위, 일본의 한국 토지 강탈, 한국의 절망 등 4개항에 걸쳐 소개하고 있다. 이 내용에는 "은둔의 왕국 대한제국의 국새는 강탈되었으며, 한국 황제는 결코 조약에 서명한 적이 없다"는 부제가 달려 있다. 공고사와 같은 맥락이다. 다만, 일본이 일진회 등을 통해 한국민을 분열시키고 있고, 군사적 필요를 가장하여 8분의 1의 가격으로 토지를 점탈하였으며, 모르핀과 주사, 아편, 도박 등으로 한국인들을 황폐화시키고 있다는 것 등이 추가되었다. 공고사에 포함되지 않은 별도의 중요한 증언이었다.

    이상과 같은 활동의 핵심은 을사늑약은 그 자체가 불법이고 성립되지 않았음을 밝히는 것이었다. 아울러 일본이 한국에서 많은 불법을 저질러 왔고, 한국에 야만적인 행동을 통해 토지 등을 강탈하고 있으므로 세계 만국은 한국의 주권 수호 활동을 지지해달라는 것으로 요약된다. 요컨대 일본의 불법을 밝히고 한국의 주권 수호에 대한 청원이었던 것이다.

열강의 반응과 특사 일행의 운명

서양 각국의 반응과 언론인 스테드

헤이그특사에 대한 각국의 반응, 특히 고종에게 초청장을 보냈던 러시아, 일본과 밀접한 관계에 있던 미국이나 영국의 반응은 어떠했을까?

1907년 7월 16일 네덜란드의 현지 신문에는 '평화의 왕' 예수가 초청장이 없어 회의장에서 퇴장을 당하는 모습의 삽화가 실렸다. 당시 열강이 한국 특사의 입장을 거부하고, 한국 특사의 간청을 냉랭한 태도로 응대한 일을 사실적이고도 흥미롭게 보여준 일면이다. 한마디로 열강은 한국 특사의 출현에 냉담하였고, 이들의 요청에 지원을 거부하였다.

그중 영국과 미국 측이 한국의 특사에 냉담하였던 이유는 무엇일까? 이 나라들은 일본과의 합의에 의해 이미 한국에 대한 보호 권한을 일본에 허용하였기 때문이다. 이를 입증하는 조약이 다름 아닌 1905년 7월

헤이그 만국평화회의

에 맺어진 가쓰라·태프트 밀약과 1905년 8월에 맺어진 제2회 영일동맹이다. 제1회 영일동맹은 영국이 일본에게 한국에서의 상공업상 특수 권익을 인정한 것에 지나지 않지만, 제2회 영일동맹에서 영국은 한국에 대한 지도, 감리 및 보호 조치를 취할 권리를 일본에게 인정하였다. 이같이 영국과 미국이 한국에 대한 일본의 보호권을 인정한 결과, 포츠머스 강화회의에서 일본의 입지를 지지해주는 효과가 있었던 것도 사실이다.

여기에서 특이한 것이 러시아의 입장이다. 러시아의 태도는 헤이그 특사의 파견 이전과 이후에 매우 달랐으므로 의구심을 가질 만하다. 당초 러시아 측에서는 한국 정부에 헤이그 평화회의 참석을 바라는 취지의 연락을 직간접으로 취해왔다. 그러나 정작 헤이그에 한국 특사가 도착하였을 때에는 그들의 요청을 거부하고 외면하였다. 포츠머스강화조약 체결 당시부터 헤이그 만국평화회의가 열렸던 때까지 약 20개월 동안 러시아는 어떤 변화를 겪었던 것일까?

그 의문을 풀어주는 단서는 1905년의 포츠머스강화조약과 1907년의 제1차 러일협정에 있다. 1905년 체결된 포츠머스강화조약은 루스벨트 대통령의 중재로 포츠머스에서 일본 외상 고무라 주타로와 주미 일본공사 다카히라 고고로高平小五郎, 전 러시아 재무대신 세르게이 비테Sergei Vitte, 주미 러시아공사 로마노비치 로젠Romanowych Rosen 사이에 체결되었다. 전문은 15개조이고, 만주 철병과 철도 보호 건 및 사할린 도서 경계 획정 건 등 2개의 추가 조항이 있었다.

① 러시아는 일본이 한국에서 정치·군사 및 경제적인 우월권이 있음을 승인하고 일본이 한국을 지도·보호 및 감리하는 데 필요한 조치를 취하는 것을 방해하거나 간섭하지 않을 것을 약속한다. 러시아는 한국에서 다른 외국과 동등한 대우와 최혜국 대우를 받는다. 양 체약국은 한·러의 국경에서 러시아 또는 한국의 영토 안전을 침해하는 하등의 군사적 조치를 취하지 않을 것에 동의한다(제2조 한국 문제).

② 러·일 양국은 요동반도 이외의 만주 지역에서 동시에 철병하며 만주에서 청국의 주권과 기회균등 원칙을 준수한다(3조 1·2항). 만주에 있는 각기의 철도 보호를 위한 수비군의 주둔은 상호 인정한다. 청국 정부의 승인을 전제로 한 요동반도의 조차권과 장춘·여순 간의 철도를 일본에 양도한다(6조; 이상 3~8조는 만주 문제).

③ 북위 50도 이남 화태도의 일본 할양, 연해주 연안 어업권의 일본 양도.

기타 오호츠크해, 베링해 연안 어업권, 통상항해조약 등(이상 9~12조는 화태도 연안어업권)

④ 러·일의 포로인도 및 보호급양비 지불 건(13조는 포로 문제)

⑤ 조약의 비준 및 영문·불문의 조약문 각 2통 작성 등(14~15조는 조약 비준건 등)

(회의록) '일본의 전권위원은 일본이 장래 한국에서 취할 필요가 있다고 인정하는 조치가 동국(한국 - 필자 주)의 주권을 침해하게 될 경우에는 한국 정부와 합의한 후에 이를 집행할 것을 성명함.'

위의 조항에서 한국 문제와 관련해 가장 중요한 것은 제2조이다. 한국의 주권 문제에 대한 언급이 없고, 내용은 모호하다. 조약 체결 과정에서 일본과 러시아는 한국 황제의 주권을 침해할 수 없다는 조항을 넣는 문제로 논란이 있었다. 양측은 논란을 벌이다가 일본의 전권위원은 일본이 장래 한국에서 취할 필요가 있다고 인정하는 조치가 동국의 주권을 침해할 경우 한국 정부와 합의한 후 집행할 것을 성명한다는 결의 표명을 회의록에 기입하는 것으로 타결하였다.

공식 조약문 내용에는 한국의 주권 문제에 대해 언급이 없었다. 다만 회의록 내용 중 "일본이 한국을 지도, 보호 및 감리하는 데 필요한 조치"의 범위에 관해서는 분쟁 여지가 있었다. 러·일 양국 모두 이 내용을 자국에 유리한 쪽으로 해석할 가능성이 농후하였다.

이후 1907년 7월 하순, 헤이그 평화회의가 진행될 당시 러·일 사이에는 별도의 협약이 추진되고 있었다. 제1회 러일협약Russo-Japanese

Agreement이 그것이다. 협약의 양측 대표는 모토노 이치로本野一郞 러시아 주재 일본공사와 이즈볼스키 러시아 외상이었다. 페테르부르크에서 체결된 이 협약은 조약 2개조, 비밀 협약 4개조 및 추가 조약이다.

이중 공개 조약은 ① 상호 영토보전을 존중하고, 각기 상대국의 청국과의 조약상 권리를 존중하며, 포츠머스조약 및 러·일 사이의 제 조약상의 권리를 상호 존중하며, ② 청제국의 독립 및 영토 보전, 그리고 청국 내 열국의 상공업 기회 균등을 승인한다는 것이다. 그리고 비밀 협약은 ① 양국은 남북 만주 사이에 분계선을 획정하고, 자국 또는 자국민을 위해 상대방 세력권 내에서 철도, 전신에 대한 권리 양도를 요구하지 않는다. ② 러시아는 일본과 한국 사이의 현행 조약, 협약 관계를 승인하며, 한일 관계의 발전을 방해, 간섭하지 않고, 일본은 한국 내에서 러시아의 정부, 영사관, 신민, 상업, 공업 및 항해업에 대하여 모든 최혜국 대우를 약속한다. ③ 일본은 외몽고에서 러시아의 특수 이익을 승인하고 이에 간섭하지 않는다. ④ 본 협약은 양국이 엄히 비밀에 부친다는 것이다.

이중에서 한국에 관해 무엇보다 중시할 것은 비밀협약의 제2항이다. "러시아가 일본과 한국 사이의 현행 조약, 협약 관계를 승인하며, 한일 관계의 발전을 방해, 간섭하지 않는다"라고 한 것은 이른바 을사늑약에서 일본이 한국에 대해 강요한 보호권을 승인한 것이었다. 즉 포츠머스 강화조약에서 러·일 양국이 애매하게 처리하여 계류 상태에 있던 한국의 보호에 관한 문제를 분명하게 일본에게 위임한 것이었다.

이처럼 러시아는 '외몽고와 한국의 문제'를 두고 일본과 협상을 마무리하던 상황이었다. 그러므로 러시아가 헤이그에 도착한 대한제국 특사의 요청을 들어주고자 일본과 그동안 진행해온 협상을 접어둔다는 것은 사실상 기대하기 어려웠다. 러시아의 입장은 한국 사절의 초청을 운운하던 1~2년 전과는 달라져 있었다. 결국 한국의 외교권 문제는 러·일 사이의 조율과 타협을 거쳐 일본 측에 넘겨졌던 것이다.

이런 사정을 알 길이 없었던 한국 특사의 입장에서 볼 때 러시아의 행위는 실로 모순되는 것이었다. 러시아의 내심이 어떠하든 한국 정부는 누차 평화회의에 참석하기를 희망하였고, 러시아도 한국에 평화회의 참석을 넌지시 권고하거나 초청하겠다는 의사를 표명한 바 있기 때문이다. 러시아의 '초청 운운'에 많은 기대를 걸었던 한국 측의 실망은 그만큼 컸다. 1896년 아관파천 당시 민영환 특사가 모스크바에서 좌절하였던 경험을 재연하는 듯했다.

이처럼 헤이그 현지에서 한국의 특사 일행은 각국의 냉담한 반응에 좌절하였다. 각국의 공식적 입장과 달리 언론인 중에는 이들을 동정하고 후원한 이들이 있었다. 그중에서도 가장 중요한 역할을 한 이들이 영국의 언론인 윌리엄 스테드와 오스트리아의 평화 운동가 스투너였다.

스테드는 수차례 특사에 관한 기사를 신문에 게재하였고, 각국 언론인과 고위 인사들이 모인 자리에서 한국 특사가 연설할 기회를 마련해 주었다. 1907년 9월 3일 열린 국제협회Cercle International에서 스테드는 연설회의 사회자로서, 세계인은 물론 한국의 특사와 한국민에게 전하는 개회 연설도 하였다. 개회사는 언뜻 한국인들로 하여금 일본에 대항하지 말라는 뜻으로 오해할 수도 있고, 한국인들은 이제까지 무엇을 했느냐는 힐난으로도 들리는 내용이었다.

네덜란드는 스페인의 엄청난 힘에 저항하면서 대한제국보다 어려운 환경에서 투쟁을 지속하였다. 한국은 자연 요새로 된 산악 국가이지만, 네덜란드는 사방에서 적이 쳐들어오기 쉬운 평지의 나라이다. 한국인들이 옛날의 네덜란드인처럼 하지 못한 것은 오늘의 한국 문제를 결정하는 데 참고해야 할 중요한 상황이다. …… 만국평화회의에 참석한 46개국 중 27개국은 외세의 지배에 저항하여 물리치고 이곳에 오게 되었다. 한국인들이 회의에 참석하려면 좀 더 투쟁을 했어야 했다.

그러나 이후의 연설 맥락은 한국이 무작정 피를 흘리기보다는 인내하고 때를 기다려 국권을 회복할 기회를 잡으라는 것이었다.

쿠바는 미국의 도움을 받아 스페인으로부터 독립을 앞당겼고, 노르웨이는 평화적 혁명을 완수하였으며, 불가리아와 세르비아는 러시아의 후원으로 오스만 제국에 대항하여 성공적인 투쟁을 지속하고 있다. 또, 네덜란드인들은 1688년 스튜어트에 항거하는 영국을 도왔고, 프랑스는 1776년 영국에 대항하는 미국을, 그리고 프랑스에 투쟁하는 아이티를 도왔으며, 미국과 영국은 스페인과 투쟁하는 남미 제국을 정치적으로 지원하였다. 이번 회의에 참석하는 나라들은 거의 서로 투쟁하거나 투쟁하는 나라를 도운 나라들이다. 모두가 혁명이나 봉기 또는 전쟁을 통하여 태어난 나라들이다. 오늘 그들이 이 자리에서 서로 형제들처럼 옆에 앉아 있다.

그는 파나마·쿠바·노르웨이·불가리아·세르비아 등을 예로 들었다.

아울러 그는 세계 각국의 운명이 기복을 거듭한 것을 예로 들었다. 그의 연설은 "우선 희망을 가지고 평화주의자가 되고, 교육과 조직, 산업 성장을 통하여 강국이 될 때까지 당분간은 일본인들과 평화를 도모하라. 그것이 생존의 지혜이다. 일단 게임의 규칙을 따르면서 힘을 기르고 때를 기다리라"는 뜻을 담고 있었다. 이것은 아일랜드인·이집트인들 같이 힘없는 민족들이 다 함께 취해야 할 태도일 것이라고 하였다.

요약하면 교육하고, 조직하고, 산업을 발전시켜 자금을 모아 무기를 손에 쥘 때까지는 참고 인내하라는 말로, 언젠가 세계정세가 변할 때 그 때 전쟁을 하면 주위의 도움을 받아 독립을 할 수 있을 것이라는 점을 시사하고 있다. 스테드가 국제언론인협회의 회장으로서 일본과 같은 특정 국가를 겨냥하여 노골적으로 자신의 주장을 표현하기는 곤란하였을 것이다.

중요한 것은 그가 한국의 특사에게 세계 언론을 향해 한국의 호소가 이유가 있음을 밝힐 기회를 마련해주었고, 이들을 고무하였다는 점이다. 스테드가 헤이그의 기자단협회 연설을 통해 특사와 한국인에게 당부한 내용은 이후 이상설이 구상하고 수행한 활동과 맥락을 같이 한다. 후일 이상설은 연해주를 방문한 이회영에게 다음과 같은 방안을 말하였다.

국제관계가 우리나라에 유리한 기회가 있을 것이다. 그러므로 조국 광복을 준비하기 위해 교육을 장려, 보급하여 국민의 각성을 촉진하고, 널리 뜻있는 인사들을 망라하는 비밀 조직을 구성하여 광복 운동의 중추를 이

룰 것, 만주에 광복군 양성을 위한 훈련 기지를 세울 것, 운동을 추진하기 위해 우리의 피 같은 자금을 준비할 것 등이 그것이다. 그리고 이런 일을 실천하여 실력을 기르고 기회를 기다리자.

이상설은 청나라나 러시아가 일본과 전쟁을 벌이는 등 국제정세가 우리에게 유리하게 변화할 시기가 도래할 때를 대비하여 광복군을 양성하고 필요한 자금을 준비하자는 생각을 했던 것이다.

이준의 순국과 그 내막

오늘날 네덜란드의 헤이그에 가면 '이준열사 기념관'을 찾을 수 있다. 고종의 사명을 받아 헤이그에 도착한 이준은 현지에서 임무를 수행하던 중에 갑자기 운명하였으므로 그를 추모하기 위해 세운 것이다. 이준은 헤이그로 떠나기 전까지 국내에서 왕성하게 활동한 인물이다.

이준의 본관은 전주全州로 북청 출신이다. 일찍이 향시에 응하였으나 나이가 너무 어려 합격이 거부되었다. 그는 1887년 29세에 초시에 합격하였다. 후일 그는 담대하게도 흥선대원군을 찾아가 문답을 하였다. 이준의 용기와 재주를 인정한 흥선대원군은 그를 김병시 대감에게 추천하였고, 김병시는 청년 이준을 여러모로 지원해주었다.

이준이 신학문을 본격적으로 접한 것은 청일전쟁 무렵이다. 1894년에는 함흥 순릉참봉에 임명되었으나 사직하고 상경, 1895년에 한국 최초로 설립된 법관양성소를 졸업하였다. 1896년 초 한성재판소 검사보

이준

가 되었다. 법관 재직 당시 그는 매우 강직하여 주위의 견제가 심했다. 법관 생활을 한 지 얼마 안 되어 자리를 떠났으니 그 사정이 짐작된다. 아관파천 직후 그는 일본으로 건너가 잠시 와세다대학 법과를 견문하였다. 짧은 기간이었지만 이때의 경험은 그의 일생에 중요한 작용을 한다.

1898년 귀국한 그는 독립협회에 가입해 만민공동회에서 적극 활동하였다. 당시 이상재·이상설과 함께 유명한 연설가로 활동하기도 하였다. 1902년에는 이상재·민영환·이상설·이동휘·양기탁 등과 함께 비밀결사인 개혁당 운동을 추진하였다. 1904년 일본이 러일전쟁을 일으킨 뒤, 한일의정서를 강제하고 황무지개척권을 요구하자, 원세성 등과 보안회를 조직해 대항하였다. 이로 인해 보안회가 해산되자 이상설과 대한협동회를 조직하여 황무지개척권 요구를 저지하였다. 이후 공진회를 조직하여 일본 측에 조종되던 일진회를 성토하다가 황해도(황주군 철도)로 유배를 가기도 하였다. 민영환의 도움으로 석방된 뒤, 1905년에 헌정연구회를 조직해 다시 항일운동을 벌였다. 같은 해 평리원 검사를 거쳐 특별법원 검사로 임명되었다.

그러나 일본이 을사늑약을 강제하여 외교권을 박탈하자, 이번에는 전덕기·최재학·정순만·이동녕 등 상동교회 측 인사들과 조약 폐기를 위해 상소운동을 하였다. 그는 상소문을 지었고, 교회 인사들과 시민들은 경운궁의 대한문 앞과 서울 시가에서 일본 경찰과 대치하며 격렬한 시위를 하였다.

그는 국권회복을 위한 실력 양성을 목표로 교육에도 심혈을 쏟았다. 1906년 전덕기·유성준 등과 국민교육회를 조직하였고, 보광학교를 설립하였다. 같은 해 오상규·설태희·이동휘 등과 한북흥학회를 조직, 지도하여 함경도 지방의 교육 운동에 중요한 발판을 마련하였다.

그가 국내에서 최후로 펼친 애국 활동은 국채보상운동이다. 1907년 1월 대구에서 국채보상운동이 시작되자, 전국으로 확대하기 위해 서울에 국채보상연합회의소를 설립하고 모금운동을 하였다. 같은 해 양기탁·안창호·전덕기 등이 결성한 신민회에 가입하여 활동하였다.

이상은 이준이 헤이그특사로 떠나기 전까지 국내에서 활동한 이력이다. 불과 5년 사이에 우리에게 그 이름이 익숙한 10여 개의 주요 사회운동 단체에서 중심인물로 활약하였음을 알 수 있다. 그는 유가적 환경 속에서 성장하고 생활하였지만, 청일전쟁을 전환점으로 신학문, 특히 법학 분야를 접하였으며, 당시로는 매우 선진적인 관료였다.

이런 이준이 오늘날 우리에게 더욱 널리 알려진 계기가 된 것은 헤이그특사 파견과 그의 의문에 싸인 죽음이다. 앞에 언급하였듯이 이준은 서울을 떠나 블라디보스토크에서 이상설과 만났고, 6월 중순경 시베리아철도 편으로 출발, 러시아의 수도인 페테르부르크에 도착한 후 그곳에서 이위종과 합류하였다.

이들 3인은 6월 25일 헤이그에 도착하자마자 시내의 융호텔Hotel De Jong에 숙소를 정한 뒤 태극기를 게양하고 대한제국의 특사로서의 활동을 시작하였다. 그러나 앞서 언급한 것처럼 열강의 반응은 냉담하였다. 그로 인한 특사 일행의 좌절과 울분, 그리고 저간의 과로로 모두가 기진맥진한 상태였다. 이때 식음을 전폐하고 울분에 차 있던 이준이 갑자기 세상을 떠났다. 1907년 7월 14일이었다. 헤이그에 도착한 지 불과 20일이 안 되어 운명한 것이다.

이준의 사인에 대해서는 그동안 여러 주장이 엇갈렸다. 이준의 순국이 할복자살割腹自殺에 의한 것인가, 울분에 차서 식음을 전폐하는 등 스스로 목숨을 끊은 것인가, 병사病死인가, 아니면 알 수 없는 기타 어떤 이유인가 하는 여러 설이 있었다. 현재 이준의 사인에 대해서는 울분으로 식음을 전폐하여 목숨을 끊었다는 불행자정설不幸自靖이 유력하다. 당시 이준의 사인은 할복자살이라고 알려졌으며, 1960년대까지도 많은 사람들이 이렇게 알고 있었다. 할복자살설은 『매천야록梅泉野錄』·『기려수필騎驪隨筆』 등에 등장한다.

그들이 헤이그에 도착했을 때 이위종은 우리 한·일 간의 변란에 관한 전말을 일일이 역설하였는데, 그 회원들은 한국인은 외교권이 없다고 하면서 연설을 듣지 않으려고 뿌리치므로 이준은 분통을 참지 못하고 스스로 할복한 후 그 피를 한줌 쥐어 그들이 앉은 자리에 뿌리며 "이렇게 해도 믿지 못하겠습니까?"라고 하였다. 그 피는 뚝뚝 떨어지고 그는 이미 땅으로 쓰러졌다. 이때 그 회원들은 크게 놀라 서로 돌아보며 "천하의 열장부烈丈夫다. 일본은 참으로 아무 형편이 없다"라고 하였다.

이 같은 기사 내용은 지방 양반의 기록인 『저상일월渚上日月』 등에도 등장한다. 당시는 국외의 소식이 정확히 국내에 전달되기 어려웠던 상황이므로 유포된 일부의 내용이 극적인 효과를 더하기 위해 덧붙여지거나 부풀려져서 그렇게 된 것일 수도 있다.

그러나 이후에는 다른 설들이 유력하게 등장하였다. 즉, 고질적인 안면 종기로 인한 득병설得病說, 심장마비설, 자정설自靖說 등이다. 이중 자정설의 설득력 있는 논거로 제시된 것은 『이상설일기초李相卨日記抄』의 내용이다.

각국 신문이 매일 신문 사정을 논의하여 "일본을 누르고 한국을 지지하자"라는 억일부한抑日扶韓이 여론이 일어남에도 불구하고, 각국 위원은 공적인 의례를 빙자하여 막연히 응하지 않았다. 그러므로 이준은 나라에 대한 근심과 울분으로 우분울읍憂憤鬱悒하여 음식을 끊기에 이르렀고, 그로 말미암아 병이 생겨 7월 14일 불행히 스스로 생을 마쳤다.

이 같은 내용은 장지연의 기록에 더욱 절절히 보인다(단국대학교 동양학연구소 편, 『장지연전서』 10). 그러나 바로 그 자료의 윗부분에는 작은 글씨로 "품에서 칼을 꺼내어 할복하고 창자를 드러내 피를 뿌리니 회중 사람들이 놀라고, 피를 토하고 죽었다"고 쓰여 있다. 이 부분에는 일제하의 검열 표시인 '삭제削除' 도장이 찍혀 있다. 장지연도 이 글을 쓸 때는 그런 설도 있었음을 추가 기록한 것이 아닌가 생각된다.

박은식의 『한국통사韓國痛史』에 분극돈사憤劇頓死라 한 것도 유사하다.

「만국평화회의보」에 실린 헤이그특사

그 외 1907년 7월 20일자 헤이그 「평화회의보」에 게재된 이위종의 증언도 이런 주장을 뒷받침한다.

> 이준을 잃는 것은 내게 큰 손실이나 그보다는 우리나라로서 큰 손실이다. 그는 강철 같은 체력의 소유자였다. 그러나 일본의 무도함이 그의 애국혼을 너무나 상하게 해서 더 이상 목숨을 부지할 수가 없었다. 종기를 앓기는 했으나 그것은 별로 중요한 것이 아니었다. 이준은 죽기 전까지 여

러 날 동안 아무 음식도 들지 않았다. 운명하던 날 그는 의식을 잃은 것처럼 잠들어 있었다. 그러다가 갑자기 벌떡 일어나더니 부르짖었다. "우리나라를 도와주십시오. 일본이 우리나라를 짓밟고 있습니다!" 이것이 마지막 유언이었다.

이준은 열강의 무관심으로 임무 수행이 좌절되자 울분을 참지 못하고 식음을 전폐하다가 운명한 것이다. 말하자면 '단식을 통해 스스로 택한 자결'로 해석할 수 있다. 윤병석 교수는 이준은 할복 자결을 한 것은 아니지만, 나라의 운명을 따라 스스로 음식을 끊고 자정自靖한 것이므로 순국한 열사烈士라고 하는 것에는 아무런 하자가 없다고 주장한다. 이준의 순국이 가지는 의미가 할복 자결이냐 단식자결이냐 하는 논란과는 상관없이 숭고하다는 의미이다.

이상에서 보듯이 이준은 조선 왕조 말기 및 대한제국기의 법관이었고, 열렬한 애국 계몽운동가였으며, 고종의 사명을 받아 헤이그에 파견된 특사의 일원이자 우국충정이 넘치는 애국자였다.

이범진 공사의 자결과 이위종의 최후

흔히 사랑에는 국적이 없다고들 한다. 그러나 1900년대 초 한국 사회에서는 국적을 넘어서 사랑하는 것이 거의 불가능한 일이었고, 오늘날에도 그리 간단한 일은 아니다. 극복해야 할 문화적·언어적·제도적 장애가 적지 않기 때문이다. 그럼에도 이미 100년 전에 외국인과 결혼한 이들이 있었는데, 그중 한 사람이 바로 만국평화회의에 고종의 특사로 파견되었던 이위종이다.

이위종은 1886년 서울에서 태어났다. 본관은 전주全州이고, 아버지는 범진範晉이다. 이범진은 농상공부 대신, 법부 대신, 주미 공사, 주러 공사 등을 역임하였는데, 국권 상실 직후인 1911년 고종에게 유서를 남기고 자결하였다. 할아버지는 흥선대원군 집권 당시에 '낙동염라' 혹은 '낙동대감'이라 불렸던 훈련대장이자 포도대장이었던 이경하이다.

이위종의 생애는 매우 역동적이었고, 특별한 점이 많다. 그는 청소년기에 미국·프랑스·러시아 등으로 이동하며 성장하였다. 그가 이렇게 해외에서 자라고 교육을 받은 것이나 이후 외교활동과 독립운동을 한 것은 부친 이범진의 일생과 긴밀한 관계가 있다. 이범진은 1879년(고종 16)에 과거에 합격하였다. 이범진은 고종과 왕비의 측근 인물로서 정부의 중요한 직임을 두루 역임하였다. 특히 갑신정변 당시 이범진은 위기에 처한 왕비와 왕자를 서울의 동북방 지역으로 피신시켜 안전하게 보호하는 데 중요한 역할을 한 것으로 알려져 있다.

이범진은 갑신정변의 주역이었던 김옥균金玉均·박영효朴泳孝·서광범徐光範 등과는 성향이 다른 인물이었다. 일본 언론에는 이범진을 친러파라고 하여 비방하는 기사와 함께 그를 '팔방추부八方醜夫'라고 조롱한 만화까지 게재된 바 있었다. 일본 측으로서는 이범진이 조선인 중 제1의 기피인물이었기 때문이었다. 당시 이범진은 러시아 측에 가장 근접한 인물이었다. 그는 을미사변 직후 경복궁에 연금되어 있던 고종을 러시아 공사관으로 피난하도록 하는 데 결정적 역할을 하였다. 곧 아관파천의 국내 주역이었던 것이다.

이위종이 부친을 따라 해외로 떠나게 된 것은 아관파천 직후였다. 부친이 미국 주재 한국 공사로 임명되어 워싱턴에서 근무하게 되었기 때문이다. 1896년 초여름의 일이었다. 그러나 이범진이 주미 공사로 활동하는 데에는 난관이 많았다. 우선 영어를 몰랐고, 미국의 사정에 밝지도 못했다. 그럼에도 그가 주미 공사로 파견된 데에는 나름의 속사정이 있었다.

이범진은 아관파천 직후 법부 대신 겸 경무사가 되어 명성황후 시해에 대한 수사와 재판을 이끌었다. 그 결과 그는 일본 측에서 더욱 기피하는 인물이 되어 신변까지도 위험하였다. 그럼에도 그는 명성황후 시해 사건에 대한 수사의 강도를 늦추지 않았다. 이런 그의 움직임은 일본은 물론 러시아 측으로서도 곤란하였다. 사건의 진상을 파헤친다는 것은 일본 측을 부담스럽게 할 것이 분명하였지만, 러시아 측으로서도 곤란한 문제였다. 일본 측을 무마해야 하는 입장이었기 때문이다.

결국 일본 측과 러시아 측의 타협으로 이범진의 입지가 좁아지자, 고종이 그를 주미 공사로 임명하였던 것이다. 결과적으로 이범진이 미국 공사로 파견된 것은 러·일의 타협에 의한 추방이고, 그의 신변을 보호하고자 한 고종의 배려이기도 했다. 이범진으로서는 일종의 정치적 망명이었다. 그해 7월 부인 박씨와 작은 아들 위종을 대동하여 인천을 출발할 때까지 이범진은 일본 낭인과 장사패들로부터 암살 위협에 시달렸다. 이위종은 바로 이런 살벌한 분위기를 직접 보면서 성장하였다.

워싱턴에서 근무하던 이범진은 1900년에 러시아 주재 공사로 전임되

이범진

었는데, 이때 독일·오스트리아·프랑스 공사도 겸임하였다. 그 이전에 서광범이 미국에서 사망한 일이 있었다. 한동안 워싱턴에 머물던 민영환 등이 장례식에 참석하였지만, 이범진은 갑신정변의 주역이었던 서광범을 반역적 인물이라 여겨 장례식에 참석하지 않았다. 물론 서광범도 이범진을 기피하였다. 이범진이나 서광범 모두 우국지사이지만, 세계관이 다르고 입지가 달라 빚어진 사태였다.

흔히 이범진은 친러파라고 지탄하지만, 그는 러시아가 아니라 대한제국을 위해 봉사한 대한제국의 관료이자 외교관이다. 이범진이 러시아공사로 있을 때 러시아의 용암포 조차租借 요구에 대해 한국 정부가 승인한다는 공문이 도착하자, 그는 용암포 조차를 반대하며 러시아 정부에 공문을 전하지 않았다. 이 일로 그는 파면을 당하기도 하였다.

이위종은 이 같은 부친을 따라 미국에서 소년 시절을 보냈으며, 프랑스와 러시아에서 중등과정의 학교를 다녔고, 군사학교도 다녔다. 이 과정에서 이위종은 서양 문화와 외국어를 자연스럽게 익혔다. 그는 영어, 프랑스어·러시아어 등 서양의 3개 국어에 능통한, 당시로서는 보기 드문 언어능력을 갖춘 한국의 청년이었다.

한편 그의 형 기종璣鍾은 이위종보다 13년 연상이다. 그는 동생에 이어 미국으로 갔는데, 미국·프랑스·러시아공사관에서 아버지 이범진을 보좌하며 외교관으로 근무하였다. 이후에 그는 이들 국가에서 각각 1년 내외를 머무르다가 어머니와 함께 귀국하였다. 국내로 돌아온 이기종은 고종의 신임을 받으며, 포공국장砲工局長, 중추원 의관 등을 지냈다. 하지만 헤이그특사 사건 직후 일본 헌병대에 끌려가 가혹한 고문을 받았다. 그 후 폐인이 되다시피 하여 정신 이상 증세까지 보이는 등 불행하게 살다가 결국은 객사하였다.

이위종은 아버지가 주러시아 공사로 임명되자, 러시아의 한국공사관 참서관參書官이 되어 근무하게 되었다. 그가 러시아 귀족 출신인 놀켄 양과 결혼한 것은 러일전쟁이 종결될 무렵이었다. 그해 대한제국의 외교권이 박탈되면서 해외의 한국공사관이 폐쇄되고, 일본 측의 종용으로 정부에서는 각국 주재 한국 외교관의 소환령을 내렸다.

이때 국권이 상실되어가는 것을 보고 자결한 이들이 있었다. 영국에서는 이한응, 국내에서는 민영환과 조병세였다. 이범진 공사나 이위종도 참담하기는 마찬가지였다. 공사관을 유지할 공금 지원도 끊어지고, 외교관 업무도 수행할 수 없는 상태에서 초조한 나날을 보냈다. 그럼에도 그들은 희망을 포기하지 않고 별도의 일을 준비하였다.

앞서 러일전쟁이 종결되자 일제는 무력으로 조약을 강제하고, 외교권 등 한국의 국권을 탈취하였다. 이때 일본은 대한제국 정부를 종용하여 각국 주재 한국 공사들을 소환하였다. 그러나 이범진은 이에 응하지 않았다. 일본 측은 고종을 위협하여 그의 귀국을 종용하였지만, 고종의 뜻을 알고 있던 이범진은 끝내 귀국하지 않았다. 그가 귀국하였다면 생명을 보존하기 어려웠을 것이다. 또, 후일 이위종을 헤이그특사의 일행으로 파견하는 일도 불가능하였을 것이다.

이범진은 고종의 밀명으로 러시아의 수도에 머물면서 국권회복을 위하여 암암리에 노력을 하였다. 마침내 1907년 헤이그 만국평화회의에 파견할 고종의 특사 이상설과 이준이 페테르부르크에 도착하자, 이범진은 그들과 협의하여 고종의 친서를 작성하고 아들인 위종을 특사의 일원 겸 통역으로 동반하게 하였다. 그리고 러시아 황제에게 요청하여 특사들이 러시아 호위병의 보호를 받아 헤이그에 무사히 도착할 수 있도록 조처하였다.

헤이그 현지에서 이위종은 특사의 대변인 역할을 하였다. 영어·프랑스어·러시아어에 능숙한 이위종은 모든 회의와 기자회견에서 주역을 담당하였다. 이위종은 언론에 대한제국의 왕자로도 소개되었는데, 이는 전주이씨 가문 출신이라는 점을 내세웠다기보다 현지에서 특사 임무를 수행하는 과정에서 부득이하게 고안해낸 착상으로 이해된다.

그러나 평화회의 장소에 입장할 수 없게 되자 특사 일행은 40여 개 참가국 위원들에게 한국의 사정을 밝히는 서한을 발송하고, 각국 위원들에게 한국에 대한 지원을 호소하였다. 이위종은 "일본은 대한제국 황제의 승인 없이 행동했다. 일본은 대한제국의 법률과 관습을 무시하고 행동했다. 을사조약은 불법이고 무효이다"라고 하였다. 나아가 "독립국가인 대한제국과 각국의 우호 관계가 일본에 의하여 파괴되고, 동아의 평화가 끊임없이 위협되는 것을 관계 열강은 방치할 것인가, 왜 대한제국이 희생되어야 하는가, 대한제국이 약자이기 때문인가, 대한제국의 대표는 법의 신, 정의의 신, 평화의 신을 찾아 헤이그에 왔다. 전 세계의 평화와 정의를 위해 조약을 체결하고자 하는 이곳에서 세계의 대표들은 무엇을 하고 있는가, 왜 대한제국을 평화회의에서 제외시키는가, 조약이란 위반하기 위해 있는가"라고 주장하였다. 이위종은 헤이그에서의 '반평화적'인 평화회의를 격렬히 힐난하였다.

국제기자단 협회에서 이위종은 을사조약이 강제로 체결된 경위와 일본의 침략상을 낱낱이 폭로, 규탄하였다. 한국민과 황제는 독립을 열망하고 있다고 하면서 세계는 한국 독립에 협조해줄 것을 불어로 호소하였다. 한국민의 요구가 '이유가 있음'을 밝힌 그의 열정적 연설은 각국 언론인은 물론 만국평화회의의 각국 대표 및 수행원에게까지 감명을 주었다. 영국인 스테드가 회장으로 있는 국제협회의 회보에는 장서의 전문이 게재되었다. 각국 신문도 매일 한국의 사정을 논하여 여론이 일어났다. 그러나 여론은 여론일 뿐 현실을 되돌리는 것은 불가능하였다.

헤이그에서의 활동 이후 이위종은 블라디보스토크를 오가며 동의회를 조직하는 등 러시아 지역에서 국권수복운동을 펼쳤다. 그러나 러시아 혁명이 다가올 무렵 이후의 행적은 잘 알려지지 않았다. 근래에 와서 이범진 공사의 최후와 아들 이위종의 행적 일부가 전해지고 있다.

1908년 연해주에서 이범윤이 의병을 조직할 때 이범진은 자금을 보탰다. 1909년 블라디보스토크의 신한촌에서 계동학교·세동학교·신동학교를 통합한 한민학교를 설립할 때에도 거액의 자금을 지원하였다. 그러나 1910년 대한제국이 국권을 상실하자 통분을 이기지 못하여 자결하였다. 그 직전 국내와 미주의 국민회, 무관학교, 하와이 한인, 블라디보스토크 청년회와 신문사 등에 수만 루블을 기증하였다. 장례비로 일

이범진 공사의 장례식(1911) 및 묘비

부만 남겼을 뿐 아들 이위종에게는 남긴 것이 없었다.

그의 자결을 두고 동양의 사고를 잘 이해하지 못하는 서양인들 사이에서는 논란이 분분하였다. 왜 신이 내려준 목숨을 함부로 버리느냐 하는 문제 때문이었다. 그러나 결국 그들은 자결의 의미를 이해하고, "그의 행위는 적 일본에게 가장 효과적인 대응 공격이었다"라고 보도하였다. 유해는 이상설이 지켜보는 가운데 페테르부르크 교외 우스펜스키의 묘역에 안치되었다. 그로부터 약 90년이 지난 2002년, 이범진의 묘역에서 필자 등 몇몇 연구자와 한국에서 방문한 인사들이 주러 한국대사관과 페테르부르크 당국의 협조로 추모비 제막과 함께 추도식을 거행하였다.

한편, 아버지의 장례를 마친 이위종은 한동안 연해주를 오가며 의병운동에 주력하였다. 러시아 측 자료에서는 연해주와 만주 지역 항일의병 중에서 가장 두드러진 활약을 한 사람이 블라디보스토크에 거주하고 있던 이위종과 이범윤이라고 하였다.

이위종은 부친에게서 받은 만 루블을 이범윤·최재형崔才亨 등에게 전하였다. 독립운동 자금이었다. 이위종은 최재형·이범윤·안중근 등과 함께 동의회를 조직하여 항일운동에 주력하였다. 블라디보스토크의 러시아 경찰부장은 이위종을 감시하라는 명을 받기도 하였다. 이후 이위종 등의 의병 활동은 일본의 항의에 직면한 러시아 당국에 의해 시시로 견제를 받았다. 그는 한동안 러시아 당국에서 주는 연금으로 생활하였으나, 그것이 단절되면서 경제적으로 큰 곤란을 겪었다. 철도역의 노동자로도 자원하였고, 나중에는 러시아군에 입대하였다고 한다.

페테르부르크 한국 공사관의 마지막은 어떠했을까? 1905년 러일전쟁에서 승리한 일본의 압력으로 본국의 재정적 지원이 끊겼고, 그 상태에서도 이범진은 일제의 소환 명령에 불복한 채 6년여 동안 공사관을 유지하였다. 끝내는 이범진이 자결한 1911년에 폐쇄되었다. 이 기간 동안 이범진은 러시아 측에서 제공한 연금으로 명맥을 유지하며 페테르부르크에서 한인 교포들을 위해 여권 발급 등의 영사 업무를 지속하였다고 한다.

한편 자결 당시 이범진은 유서를 남겼다. 유서의 내용은 나라를 잃은 자는 머물 곳도 없고, 편히 쉴 땅도 없으니 죽어 마땅하다는 것이었다. 이위종과 그의 부친 이범진의 삶은 국권회복에 대한 이들의 열망이 얼

이위종

마나 간절하였고 뼈에 사무쳤는가를 잘 보여주고도 남는다.

흔히 이범진은 친러파의 대표 인물로 지목되어왔다. 그는 일본의 침략에 대한 대응으로 아관파천을 이루어내는 등 각종 주요 사건의 중심에 있었다. 이후 미국과 유럽에 파견된 이범진 공사는 이미 40대 중반으로서 외국어를 익히기가 쉽지 않았다. 해외 생활 근 15년 동안 그의 외교 활동이 가능했던 것은 아들 이위종이 측근에서 전력을 다해 보좌하였기 때문이다. 근대 한국과 러시아의 관계에서 두 부자의 공은 매우 크다. 이범진과 이위종은 1906년 러시아 황제 니콜라이 2세에게서 각각 성 스타니슬라브 1급 훈장과 3급 훈장을 수여받았다.

헤이그특사의 활동 당시 세계의 언론은 '한국의 호소'를 연설한 이위종의 일거수일투족을 주목했으나, 그의 최후는 여전히 의문이다. 최근 이위종의 말년에 관해 약간의 행적이 유추되고 있기는 하다. 이위종이라는 붉은 군대의 사령관이 모스크바에서 열린 집회에서 한국의 독립을 주장하는 연설을 했다는 설이 그것이다.

안중근의 이토 히로부미 사살 후 이위종은 이상설·전명운과 함께 일본 측에서 가장 주의할 자로 지목되었다. 일본의 꾸준한 감시 대상이었던 것이다. 이위종은 제1차 세계대전 중 일본이 러시아 측에 요구한 21명의 주요 추방 대상 인물 중 한 사람이기도 하였다. 이위종은 러시아

사관학교를 졸업한 후 러시아 내전에 참여하였고, 1920년대 중반 생을 마친 것으로 전해진다.

이위종에게는 몇 가지 특징이 있다. 공직을 수행하는 부친을 따라 해외에 거주하면서 자연스럽게 외교관이 된 인물이다. 당시로서는 드물게 해외 유학 경험을 쌓았으며, 영어와 프랑스어·러시아어 등을 능숙하게 할 수 있었던 외교관이었다. 그 결과 위기에 처한 나라의 부름으로 헤이그 만국평화회의에 파견되어 한국의 주권독립을 호소하며 특사의 대변인 역할을 충실히 수행하였다. 이후 부친과 러시아 지역에서 활동하는 의병을 지원하였고, 그 자신도 참여하였다. 국망 이후에는 러시아 거주 한인의 결속과 조국의 독립을 위해 활약하였다. 이위종은 대한제국의 외교관이자 독립운동가로서 헌신한 국제인이었다.

이상설의 사형 선고와 미완의 사명

헤이그 만국평화회의는 제국주의적 세계 질서 속에서 강대국 사이에 평화를 유지하고자 개최되었다. 따라서 일본에게 외교권마저 유린당한 약소국 한국이 특사를 통해 목적을 달성하기에는 처음부터 어려운 상황이었다. 결과도 당장의 실질적 소득은 거두지 못하였고, 오히려 일본은 이를 구실로 대한제국의 황제 고종을 역습하는 기회로 삼았다.

일본 측은 헤이그특사의 파견 사실을 이미 알고 있었다. 정확한 시점은 확인하기 어려우나, 이왕직실록편찬회에서 편찬한 「황제양위전후의 중요일기皇帝讓位前後の重要日記」(한국학중앙연구원 소장)의 1907년 6월 30일자, 7월 2일자 등에 관련 기록이 보인다. 특사의 배후에 미국인 헐버트가 있으며, 도쿄 및 유럽에서 온 전보를 받아 든 통감 이토 히로부미는 "이 사건이 한국의 국면을 일변시킬 좋은 기회"로 생각한다고 했다.

이후 이토 히로부미는 외상 하야시 다다스를 서울로 불러들여 그와 함께 고종을 특사 파견의 '책임'을 빌미로 강제로 퇴위시키고 순종을 등극시켰다. 이어 헤이그특사 3인에 대한 궐석재판을 통해 이상설에게는 교수형을, 이준과 이위종에게는 종신징역형을 선고하게 하였다. 이 사실을 실록에서는 이렇게 기록하고 있다.

> 안건을 검사의 공소에 의하여 심리하였습니다. 본년 7월 20일에 "이상설, 이위종, 이준의 무리는 어떤 나쁜 성품을 타고났으며 어떤 음흉한 모의를 꾸몄기에 해외에 몰래 달려가서 밀사라고 거짓말을 하고 제멋대로 사람들을 현혹시켜 나라의 외교를 거의 망치게 하였는가. …… 법부로 하여금 법조문대로 엄하게 처결할 것이다"라는 조서를 정중히 받았습니다. 이상설 등을 붙잡아서 법조문에 비추어 엄하게 처리해야겠으나 피고들이 어느 지방에 머물러 있는지 종적이 감감하여 붙잡을 수 없습니다. …… 피고 이상설은 『형법대전刑法大全』 제352조에 있는 "사신使臣 지시를 받은 관리"라고 거짓말을 한 사람에게 해당한 법조문에 비추어 교형絞刑에 처하고 피고 이위종, 피고 이준은 『형법대전』 제135조에 있는 "추종한 범인은 주범의 법조문에서 한 등급을 낮춘다"는 조문에 비추어 종신징역형에 처한다는 선고서를 작성하여 문의합니다. 이상설, 이위종, 이준 등을 평리원에서 제기한 법조문에 의하여 처결하되 체포한 다음에 가서 처형하

는 것이 어떻겠습니까.

-『순종실록』, 1908. 8. 8

이상설은 자신을 특사로 파견한 고종 자신에 의해 오히려 사형을 선고받은 인물이 되었다. 이때 평리원에서는 "법조문에 의하여 처결하되 체포한 다음에 처형하는 것이 어떻겠습니까"라고 이의를 제기하였다. 아마도 통감부의 압력으로 궁지에 처한 대

송헌주

신들이 이상설을 직접적인 암살에서 보호하기 위한 궁여지책이었던 것으로 생각된다.

이후 일본은 정미7조약을 강제하고, 언론 탄압을 위한 신문지법, 집회·결사를 금지하는 보안법을 연이어 공포케 하였고, 마침내 군대 해산령을 내려 한국을 무력화시켰다. 군사·재정·인사·경찰·언론 등 모두 대한제국의 중추를 이루는 것들이었다.

한편 헤이그에서 이준의 유해를 임시로나마 공원묘지에 매장한 이상설은 이후 유럽 각국을 순방하였다. 동료의 죽음이 너무도 비통하였지만, 이를 오래 슬퍼할 여유가 없었다. 그가 펼친 이후의 순방 외교는 고종에게서 이미 하명받은 것이었다. 그는 헐버트 박사와 이위종·송헌주·윤병구 등을 대동하고 영국·프랑스·독일·미국·러시아를 순방하였다.

이후의 일정은 빠듯하였다. 이상설은 7월 19일 헤이그를 출발, 영국을 방문하여 런던에서 3일 머물렀다. 8월 1일에 미국 뉴욕에 도착하여

워싱턴을 방문하였다. 그리고 다시 9월 초 헤이그로 돌아와 정식으로 이준의 장례를 치른 후, 9월 5일 그곳을 떠나 파리와 베를린을 방문하였다. 이어 이탈리아, 로마 등을 거쳐 러시아 수도 페테르부르크로 갔다가 다시 런던으로 갔다. 이들이 각국에서 만난 것은 그 나라의 원수나 정계 지도자, 언론인 등이었다. 이들은 헤이그 만국평화회의에 모인 열국 대표에게 호소한 것과 마찬가지로 일본의 한국에 대한 침략과 을사늑약의 불법성·폭력성을 설파하며 한국을 위한 국제 협력을 호소하였다. 이상설은 한국이 네덜란드나 스위스, 벨기에와 같은 중립국이 되기를 간절히 바란다고도 호소하였다.

그러나 국제 사회에서 한국의 호소는 들어줄 곳은 없었다. 이상설은 나라의 운명과 냉엄한 국제 사회의 현실에 절망하였다. 이후 이상설은 방향을 바꾸어 직접 독립운동을 이끌어갔다. 그러나 대부분 일제의 단속, 그리고 일제와 타협한 러시아의 제지를 받아 단기간 존속하고 말았다. 그럼에도 불구하고 해외에 흩어져 있는 한국인들의 결속하고, 항일 독립운동을 위한 구심체로서 여러 단체가 결성되어 발전해갔다.

1907년 8월 국내에서 사형 언도를 받은 후, 이상설은 다시는 조국에 돌아올 수 없었고, 고종에게 특사 활동의 결과를 보고할 길도 없었다. 그러나 그는 미국·중국·러시아 등지를 오가며, 독립운동과 관련된 단체 조직과 애국운동·독립운동을 꾸준히 이어갔다.

이상설은 1908년부터 1년여간 미국에 머물며 대한제국의 독립 지원을 호소하였다. 또, 각지의 교포를 설득해 독립운동의 새로운 전기를 마련하고자 하였다. 그런 막후 노력의 일환으로 1908년 8월 미국 콜로라도주 덴버시에서 열린 애국동지대표자회의The Korean Patriots Delegation Convention에 이승만과 함께 연해주 대표로서 참가하였다. 이후 그는 한흥동 건설(1909), 13도의군 창립(1910), 성명회 조직(1910), 권업회 설립(1911), 『권업신문』 발행 등에 관계하며 지속적으로 독립운동을 이끌어 갔다. 목표는 해외 교민과 독립운동가를 결속시키고 단체를 결성하여 미래의 광복에 대비하는 것이었다. 그 결과 그가 마지막으로 심혈을 기울인 것이 대한광복군 정부 건립(1914)과 신한혁명당 설립(1915)이었다.

그러나 이상설은 지속적인 활동과 좌절이 겹치면서 중병으로 눕게 되었다. 1917년 3월 2일 이상설은 동지들이 지켜보는 가운데 우수리스크에서 생을 마감하였다. 결국 헤이그특사 3인 중 이준은 헤이그 현지에서 순국하였고, 이상설은 연해주에서 순국하여 유해가 수이푼강가에 뿌려졌다. 그리고 이위종은 최후가 미궁인 채 현재에 이르고 있다. 특사 3인 중 유해나마 보존된 사람은 헤이그에서 순국한 이준뿐이다.

그렇다면 헤이그특사 임무 수행의 종결점은 언제였을까? 특사 3인 중 이준은 헤이그 현지에서 운명하였고, 이상설은 해외에서 독립운동을 이끌어가던 중 1917년 러시아에서 타계하였다. 이위종은 연해주를 오가며 독립운동을 지속하다가 러시아 정세가 변하던 1920년대 초에 세상을 떠났으리라는 설이 유력하다. 3인 모두 특사 임무의 연장선에서 활동하다가 광복 이전에 생을 마쳤다. 따라서 고종이 파견한 헤이그특사 3인의 임무 수행은 1차적으로는 이들의 사망으로 종결되었다고 볼 수 있다.

그러나 이면에서 특사 역할을 하였던 헐버트는 여전히 활동하고 있었다. 헤이그에서의 임무 수행 이후 미국으로 돌아간 헐버트는 저술과 강

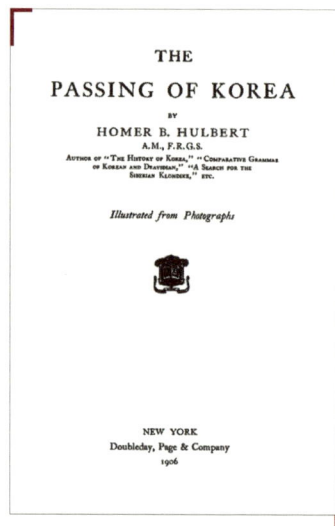

헐버트 저술 「The Passing of Korea」

연 활동을 하며 기회가 있을 때마다 한국의 역사와 문화를 알리고, 한국 독립의 당위성을 미국인들에게 설파하였다. 그는 한국인들이 긍지를 가지는 것은 그들의 문화적·과학적 업적으로 보아 당연하며, 한국민은 온유하고 평화 애호적인 민족이라는 것을 전하였다. 그의 이런 활동은 고종에게서 위임받은 사명의 연장이라고 할 수 있다.

마침내 1945년 일본이 항복하고 1948년 대한민국 정부가 수립되자 그는 '광무황제에 관한 비밀'을 전하기 위해 노령임에도 불구하고 한국을 방문하였다. 해방을 맞은 한국 정부의 초청을 받아 꿈에도 그리던 한국을 방문하였으나, 노령에다 한 달여에 걸친 항해로 그의 몸은 쇠약해질 대로 쇠약해졌다. 여독을 이기지 못한 헐버트는 한국에 도착하자마자 곧바로 청량리 병원으로 이송되었다. 초대 대통령 이승만이 병석에 누운 그를 방문하였으나, 두 사람은 아무 말도 못한 채 서로 손을 붙잡고 하염없이 눈물을 흘렸다.

그는 고종와 대한제국, 그리고 헤이그특사에 관한 많은 비밀을 한국 정부에 알려주고자 하였지만, 끝내 비밀을 풀어놓지 못한 채 며칠 뒤에 눈을 감았다. 헤이그특사의 비밀도 그의 죽음과 함께 영원히 묻히고 말

양화진 외국인 선교사 묘원 헐버트 묘비

앉다. 생전의 그는 "한국민들이여, 광무황제의 주권수호 노력을 기억하라"라고 하였다. 그는 또한 "웨스트민스터사원보다는 한국 땅에 묻히기를 바란다"라고도 하였다. 그의 유해는 한강이 내려다보이는 양화진 외국인 선교사 묘원에 안장되어 있다.

해외에서의 독립운동

애국동지대표자회의와 국민회의 탄생

앞에서도 언급하였듯이 이상설은 헤이그 현지에서의 사명 외에 또 하나의 중요한 사명을 고종에게서 부여받았다. 그것은 유럽 각국과 미국 등에 대한 한국의 독립 지원에 대한 호소, 그리고 영세 중립 등을 위한 노력이었다. 이런 특사의 부가적 사명은 이상설 일행이 헤이그에서 임무를 마치고 미국으로 떠나기 직전에 가졌던 기자회견에도 잘 나타나 있다. 그러나 이 사명을 수행하는 것도 여의치 않았다. 이에 이상설은 해외 각지에 살고 있는 한인들을 결집하는 쪽으로 방향을 전환한다. 이후 이상설은 다시 미국·러시아·중국 등지를 다니며 한인들을 만나 장래에 뜻을 같이하여 독립운동을 할 인물을 물색하게 된다.

서울 중심부의 동쪽 낙산 자락에 이화장이 있다. 이곳은 이승만 박사가 해방 이후 귀국하여 머물던 사저다. 그곳에는 그가 해외에서 독립운동을 하던 당시와 대통령을 지낼 때 소장했던 유품과 기록들이 일부 남겨져 있다. 필자가 2009년 초겨울 문화재청의 요청으로 그곳에 소장된 유품 목록을 작성하며 살펴보던 중 특이한 유물 하나를 발견하였다. 길이가 약 15센티미터, 폭이 7센티미터 정도 되는 감청색 바탕의 낡은 리본이다.

이 리본이 소장된 연유를 알 수 없어 의아했으나, 소장된 전시실 전체 유품과 사진 자료 등을 확인한 끝에 미국 콜로라도주 덴버시에서 1908년에 열린 애국동지대표자회의에 참석한 한인들이 가슴에 착용하였던 리본이라는 것을 알게 되었다. 다행히도 이 리본과 함께 소장된 참석자들의 단체 사진을 통해서 이를 고증할 수 있었다. 단체 사진을 정밀히 살펴보면 대부분의 인물들이 가슴에 짙은 색 리본을 달고 있는 모습을 찾을 수 있다. 애국동지대표자회의를 상징하는 동시에 그 회의에 참석한 사람들의 애국심을 표한 것으로 보인다.

이 유품은 1908년 세계 전 지역의 한인 대표자들이 처음으로 모여 결집할 당시의 것으로 현재까지는 유일하게 남아 있는 것이다. 아마도 한국의 역사에서 발견할 수 있는 리본 중 가장 오래된 것이 아닌가 한다. 비록 색은 바랬지만 짙은 감청백 바탕에 태극기와 무궁화가 금박되어 있고, 가운데에는 육안으로 확인하기 어려울 정도로 마모된 상태의 금박 글씨가 희미하게 남아 있다.

콜로라도주 덴버시에서 열린 애국동지대표자회의란 무엇인가. 이상설은 이위종과 함께 1908년 2월 영국을 떠나 미국으로 갔다. 이듬해

샌프란시스코에서 개최된 국민회 제1회 이사회 기념사진(1909년)

4월까지 머물며 그는 미국 조야에 한국 독립 지원에 관한 호소를 계속하면서 각지의 한국 교포를 결속시키고, 조국 독립운동의 계기를 만들고자 하였다. 이때 박용만 등이 중요한 역할을 하였다. 박용만은 이상설이 헤이그를 떠나 미국을 다시 방문할 당시 그를 돕기 위해 윤병구와 송헌주를 파견하는 등 적극 조력한 인물이다. 이상설은 이때 이승만과 함께 시베리아 지역 대표로 참가하였다.

1908년 7월 11일부터 7월 14일까지 개최된 애국동지대표자회의에서 이상설은 막후 역할을 한 것으로 전한다. 당시 참석 인원은 박용만·이승만 등 36~50명으로 추산된다. 닷새 동안 8차례의 회의를 하면서 의안 제출과 연설 및 토론을 거쳐 7개 조의 사항을 결정하였다. 주요한 결의 사항은 향후 국내외의 통일기관을 조직할 것, 각지에 통신국을 설치하여 상호 연락할 것 등이었다. 국민의 교육에 필요한 내외 서적의 저술·번역에 관한 사항은 합의를 보지 못하고 후일의 과제로 남겨두었다.

이 대회의 개회사는 스탠퍼드대학 총장 데이비드 스타 조단이 하였으며, 참석자 중에는 다수의 덴버 시민도 있었다. 1908년 7월 12일자 『덴버 리퍼블리칸』지는 "대회의 목적은 독립국을 창립하고 굴종의 쇠사슬을 끊는 것이다. …… 그들은 평온한 감정으로 환상을 좇는 일 없이 회의를 진행하였다"라고 보도하였다. 이어 14일자 신문에는 7월 11일에 채택된 결의문이 보도되기도 하였다.

애국동지대표자회의는 이후 국민회(이후 대한인국민회) 등 해외 한민족의 주요 독립기관 탄생에 중요한 영향을 미쳤다. 1909년 2월 1일 미국에 국민회가 조직되었는데, 이는 샌프란시스코의 공립협회와 하와이의 합성협회가 합쳐진 것이었다. 총회장은 정재관, 회장은 최정익이었다. 두 달여 뒤인 1909년 4월 제1회 국민회 이사회가 열렸고, 이 자리에 이상설이 참석하였다. 이상설은 회의를 마친 후 국민회의 원동 방면 대표원으로서 국민회의 총회장 정재관을 비롯하여 회장 최정익과 송종호 등을 대동하고 연해주로 출발하였다.

그가 떠난 뒤 1910년 2월 10일에는 대동보국회大同保國會가 국민회에 흡수되어 대한인국민회大韓人國民會, Korean National Association가 되었다. 대한인국민회는 해외 한인을 총망라한 단체로 발전해갔다. 대한인국민회는 미주에 북미 지방총회, 하와이에 하와이 지방총회, 러시아에 시베리아 지방총회를 설치하였고, 산하에 여러 지방회를 구성하였다. 대한인국민회에서는 1912년 북미·하와이·시베리아·만주 등 각 지방총회 대표자회의를 소집하여 샌프란시스코에 중앙총회를 설치한 결과, 재외 한국인 집단을 대변하는 단체의 최고기관으로 발전하였다. 이후 이승만·안창호 등에 의해 변화를 거듭하였으며, 항일운동을 위한 기관지로 『신한민보新韓民報』를 발간하여 국내외에 배포하였다.

성명회와 권업회 창립

이상설은 1908년 7월 미국 콜로라도주 덴버시에서 열린 애국동지대표자회의와 1909년 4월 샌프란시스코에서 열린 제1회 국민회 참석하는 등 유럽과 미국을 순방하고 블라디보스토크로 돌아왔다. 이후 한인 지도자들을 규합하여 독립운동의 기반을 닦아나갔다. 이상설은 앞서 미국을 떠날 때 국민회로부터 극동에서 독립운동 사업 추진에 관한 전권을 위임받고 있었다. 이상설이 휴대한 위임장은 국민회 북미 지방총회장(최정익)과 하와이 지방총회장(정원명)의 이름으로 발행된 것이었다. 그 요지는 이러하다.

> 원동 각처에 주재하는 우리 동포를 규합하여 단체를 결성, 본회의 뜻을 관철하는 것이 현재의 급무인바, 본 회원 이당(李堂, 이상설의 별명)은 덕망과 경륜이 탁월하여 나라를 근심하고 동포를 사랑하는 열심과 정성이 우리 회의 표준을 이루는바, 원동 방면의 모든 회무를 전권 행사하도록 한다.
>
> 융희 3년 5월 1일

고국으로 돌아올 수도 없고, 더 이상 고종의 명을 받을 수도 없는 상황에서 이상설은 미국에 설립된 대표적 한인단체가 발행한 위임장을 토대로 특사의 사명을 이어가게 되었다. 이후 이상설은 이승희·김학만·정순만 등의 동지를 규합하여 북만주에 독립운동의 중요한 기지로 한흥동을 건설하였다. 위치는 러시아령 국경 지방에 위치한 흥개호 남쪽의 밀산부였다. 이때 원동임야주식회사를 설립하고, 한민학교를 세워 민족의식 환기를 위한 교육을 실시하였다. 필요한 경비를 위해 이상설은 한흥동과 블라디보스토크를 왕래하며 자금을 모았다.

이후 이상설이 관계한 것은 13도의군十三道義軍이다. 이상설은 국내외 의병을 통합해 항일전을 좀 더 효과적으로 수행하고자 1910년 6월 유인석·이범윤·이남기李南基 등과 연해주 방면에 모인 의병을 규합해 13도의군을 편성하였다.

얼마 후 이상설은 유인석과 논의하여 고종에게 중요한 건의를 하였다. 1910년 8월 국권이 상실되자 이상설과 유인석은 전 군수 서상진徐相津을 국내에 파견, 고종에게 상소를 올렸다. 고종에게 13도의군 편성의 사실을 알리고, 군자금 지원, 블라디보스토크 망명, 독립운동의 영도 등을 요청하는 내용이었다. 이들은 고종의 아령파천俄領播遷을 통해 망명정부 수립을 기도한 것이었다. 당시의 정세로 보아 실현 가능성은 희박하였지만, 군민 상하 모두가 일어나 일제에 전면 투쟁하자는 뜻을 전하는 효과가 있었다.

이후 이상설은 유인석·이범윤 등과 블라디보스토크에서 성명회聲明會를 조직하였다. 성명聲明이란 "적의 죄를 성토하고 우리의 억울함을 밝힌

성명회 선언서(서명자 명단)

다 聲彼之罪 明我之冤"는 뜻이니, 이 역시 대한의 광복을 맹세코 성취하자는 것이었다. 이들은 성명회 취지문을 통해 일본의 국제 공약 배신을 규탄하였고, 각국에 합병 무효를 선언하는 전문과 성명회 선언서를 보냈다. 선언서에는 이상설·유인석·이범윤·정재관·이남기 등 한인 지도자를 포함하여 한인 8,624명에 달하는 이들의 서명이 들어 있었다.

　1910년 무렵 연해주 지역의 한인들은 10만 명 내외를 헤아렸다. 아무르강 연안의 주요 도시를 근거지로 한인 부락을 이루고 있었다. 한인이 가장 많았던 곳은 블라디보스토크로, 이곳에는 1911년 중반 무렵 '신한촌'이 형성되어 연해주 독립운동의 중심지가 되었다. 성명회가 활발히 움직이자, 일본 당국은 제2회 러일협약을 내세워 러시아 측에 이상설·유인석·이범윤 등의 체포와 인도를 요구하였다. 그동안 호의적이던 러시아 당국도 한인 독립운동가들에 대해 태도를 바꾸었다. 그 결과 13도의군과 성명회가 붕괴되고 한인의 단체 활동도 금지되었다.

　이듬해 이상설은 하바로프스크에서 블라디보스토크로 돌아왔다. 1911년 5월 그곳에 세워진 독립운동 단체가 권업회勸業會이다. 권업회는 이종호·김익용·강택희·엄인섭 등 연해주에 거주하는 민족운동 지도자들이 결성하였다. 초대 회장에 최재형, 부회장에 홍범도洪範圖가 선임되었다. 권업회는 연해주, 간도에서 활동하는 인물들이 참여하면서 급속히 성장하였다. 결국 1912년 12월 총회를 거치면서 권업회가 러시아 당국의 승인을 거쳐 공식적으로 출범하였다. 이때 회칙을 개정하여 회의 조직을 의사부議事部와 집행부執行部로 나누었다. 의사부는 총회에서 선출한 3~9명의 의사원으로 구성하며, 의사부의 의장과 부의장이 회를 대표하기로 하였다. 집행부는 신문부新聞部 등 13개부로 나누어 업무를 분장하게 하였다. 이때 도총재에 유인석, 총재에 최재형, 의사부장에 이상설, 의사 부의장에 이종호가 선출되었다. 권업회는 실업 활동을 표방하고 이를 권장하는 한편, 한인의 교육과 정치적·경제적 지위 향상을 도모하였다. 1913년 10월에는 2,600명, 1914년에는 8,579명에 달하였다.

권업회는 일제와 러시아 당국의 탄압을 피하기 위해, 실업을 장려한다는 뜻으로 붙여진 이름이다. 그러나 1910년대 초 연해주 항일 독립운동의 중심 기관으로, 민족정신 고취와 항일 독립운동 전개, 교민의 단결과 지위 향상 등에 노력하였다. 그리고 각종 기념일에 행사나 강연회를 개최하여 애국심을 고취하였다. 그러나 1914년 6월 러시아가 대일 외교관계의 악화에 따른 일본의 요구를 받아들이면서 강제로 해산되었다. 권업회의 전통은 1917년 결성된 전로한족중앙회全露韓族中央會로 이어졌다. 그렇지만 기능과 역할, 진정한 목적은 어디까지나 강력한 항일운동을 전개하는 데 있었다.

권업회는 기관지로서 『권업신문』을 발간하였다. 『권업신문』은 연해

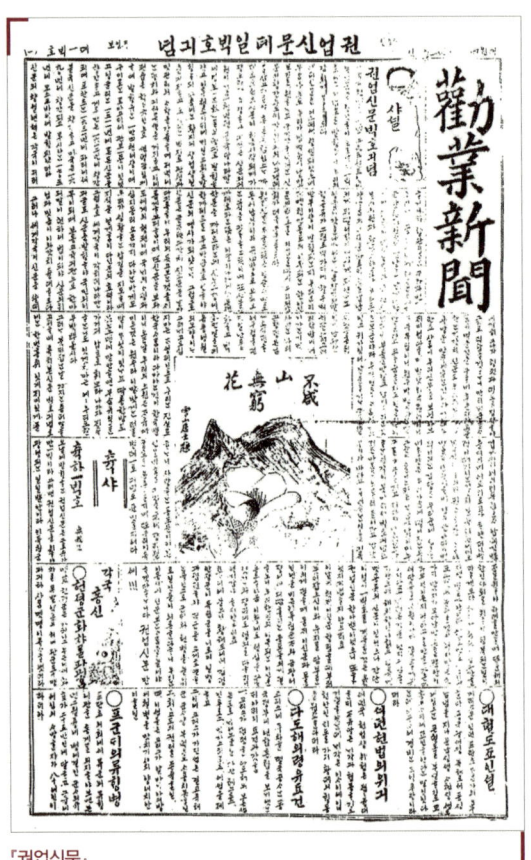

「권업신문」

주 거주 한인들을 대변하며 항일 민족정신을 높이는 데 큰 구실을 하였다. 중앙 본부는 신한촌에 두었으며, 하바로프스크를 비롯한 주요 도시에 지회와 분사무소를 두었다. 성(性)이나 신앙, 교육의 정도에 구별 없이 21세 이상의 성인이면 누구나 회원으로 가입할 수 있다고 하였으나, 실제로 회원이 되기 위해서는 3인 이상의 보증인이 연서한 입회 원서를 의

사부에 제출해야 하며, 입회 원서 제출자가 50인에 달하면 의사부는 정기총회나 임시총회를 소집하여 입회 원서를 심사하였다. 그리고 입회 허가를 얻은 자는 의사부 의장이 주재하는 엄숙한 입회 의식을 거쳐야 했다.

권업회에서는 비밀리에 광복군 양성을 하고 있었다. 1913년 동북만주 나자구羅子溝에서 이종호·이동휘·김립金立 등은 대전학교大甸學校를 운영하고 있었다. 일본 측 문서에 "블라디보스토크의 사범학교 공지空地에서 훈련한 병력이 2만 9,365명, 총기 1만 3,000정과 탄약 50만 개를 수장하고 있다"라는 내용이 나타난다. 이상설 등은 러일전쟁에서 패배한 러시아가 일본과 전쟁을 하여 승리하는 때가 잃어버린 한국의 국권을 회복할 기회라고 여겼다.

그러나 이 무렵 뜻밖의 일이 벌어졌다. 사이비 애국자가 이상설을 매도하여 일제의 밀정이라고 모함하는 일이 일어난 것이다. 미주와 러시아 지역에서 활동하던 이들의 지역과 노선에 대한 갈등에서 원인을 찾을 수도 있지만, 일본과 러시아 당국의 공작과 제동 사이에서 나타난 비극이라고 볼 수 있다. 이때 이상설은 "나라를 잃어 나라에 울고, 집을 떠나 집을 울고, 이제 몸을 둘 곳조차 잃어버려 몸을 우노라泣國泣家又泣己"라고 읊었다.

대종교와 독립운동

한국 근대사에서 주요한 현상 하나는 토착 종교의 창시였고, 그중 대표적인 것이 천도교와 대종교이다. 천도교는 동학, 대종교는 단군교의 이름을 바꾼 것이다. 유림이 조직한 단체에 일본 측의 손길이 뻗쳤듯이 동학과 단군교에도 마찬가지였다. 그래서 천도교와 대종교로 각각 이름을 바꾸었다.

이상설이 독립운동을 하는 과정에서 정신적으로 중요한 기둥으로 삼은 것은 단군이었다. 단군은 한민족의 시조로서 일제하 독립운동 과정에서 세계 각지에 흩어져 있는 한인의 결집에 구심점으로 기능하였다. 현재도 단군의 존재와 신앙은 민족문화의 한 양태이자, 미래 통일을 위한 정신적 구심체로 단군을 강조하는 이들이 있다.

해방 직후 북한에서는 단군의 존재와 신앙을 미신으로 배격하였다. 그러나 근래 입장을 바꾸어 단군의 실재를 인정하고 한걸음 나아가 단군릉 성역화까지 추진하였다. 다분히 정치적인 행보로 체제 선전용이라는 의구심을 떨치기 어렵다. 그럼에도 단군은 많은 고려를 요하는 대상이다.

대종교는 나철이 창시하였고, 민족의 시조로서 단군을 받들었다. 역사적으로 단군은 민족의 위기 때 더욱 강조되었다. 원의 고려 간섭기에 단군 사당이 건립되었고, 조선 전기에도 그러했다. 이후 민족 문화와 신교의 창시자, 민족신으로 받들어져 마침내 대종교가 등장하였다. 대종교 창시자 나철은 을사늑약 체결 직후 그것의 부당성을 성토하고자 일본으로 가서 궁성 앞에서 단식 시위를 하였다. 그때 그는 두일백이라는 노인으로부터 『단군교포명서檀君敎佈明書』를 전해받고 영계를 받았다고 한다. 귀국한 나철은 1909년 1월 15일(음력) 자시子時를 기하여 『단군교포명서』를 공포하였다. 민족의식을 배양하는 것이 민족 부흥과 국가 재건의 원동력이라 깨닫고, 단군교를 중광重光한 것이다. 이날이 바로 중광절重光節이다. 어둠에 갇혀 있던 단군교를 다시 밝혔다는 의미에서 창시라는 용어 대신 쓴 것이다. 이때 활약한 인물들이 오기호·이기李沂·강석화姜錫華·박호암朴湖巖·유근柳瑾·정훈모鄭薰謨 등이다. 당시 단군대황조신위를 모시고 제천의례를 행한 장소는 한성 북부 재동이었다.

나철은 교주인 도사교都司敎로 추대되었다. 나철은 밀계密誡와 오대종지五大宗旨를 발표하여 교리를 정비하고 교단 조직을 개편하였다. 이후 교세가 확장되어 1910년 6월 서울에서는 약 3,000여 명, 지방에서는 약 2만여 명의 교인을 확보하였다.

그러나 당시 서울 북부지사교北部支司敎였던 인사의 친일 행위로 인해 내분이 일고 일제의 탄압이 예상되자, 1910년 8월 교명을 대종교로 바꾸었다. '종倧'이란 신인神人, 혹은 한배님이란 뜻으로 '한인·한웅·한검'이 혼연일체 되어 있는 존재이다.

그 뒤 일본 측의 종교 탄압이 강화되자 나철은 국외의 포교를 진행하고자 만주 북간도 삼도구三道溝에 지사를 설치하였다. 다른 한편으로는 1911년 『신리대전神理大全』을 간행하여 교리의 체계화에 힘을 기울였다. 이어 1914년 백두산 북쪽 밑의 청파호靑坡湖 근방으로 총본사를 이전하고, 만주를 무대로 교세 확장에 주력하였다.

이상설은 해외에 머문 관계로 대종교 중광 당시 합류할 수 없었다. 그러나 국권 상실 이후 대종교 인사들이 만주로 이동하여 북간도에 총본사를 두게 되면서 자연스럽게 이들과 합류하게 되었다. 이때 이상설과 이시영은 북도본사·서도본사·남도본사·동도본사 등 4개의 본사 중 북도본사의 총책임자였다.

대종교 측의 활동이 크게 드러난 것은 1919년 이후이다. 즉, 국내에서 3·1운동이 발발한 이후 상해에서 대한민국 임시정부가 탄생하고, 곧이어 대종교 인사들이 대거 참여한 청산리전투에서 일본군을 상대로 큰 승리를 거두면서이다. 그러나 이때는 이미 이상설이 타계한 후였다.

대종교 총본사는 이상설이 서전서숙을 설립하였던 북간도에 위치하였다. 북간도 지역에는 중광단·정의단·북로군정서 등을 통해 대종교 계열의 인물들이 독립운동을 이끌고 있었다. 활동 범위는 북간도에만 국한된 것이 아니었다. 조완구의 경우 러시아의 블라디보스토크로 가서 대한국민의회에도 참여하였다. 대한국민의회는 그 지역 독립운동가들이 전로한족회중앙총회를 확대 개편한 것으로 전한다. 조완구는 이 국민의회에서 이동녕·조성환 등과 함께 상설의회 의원으로 선임되었다.

대종교 인사들은 만주에서는 물론, 상해 등지로 이동한 뒤에도 대종교의 의식을 일상화하였다. 대종교 활동은 독립운동의 일환이었다. 당시 조완구·신규식·조소앙·안재홍·박은식·이시영·이회영·김구·박찬익·민필호·김두봉·정인보 등 수많은 독립운동가가 대종교에 합류하여 활동하였다. 이들 중 상당수 인사들은 이상설과 국내에서 이미 친교를 맺었거나 만주에서 함께 활동한 바 있다.

후일 신규식은 상해에서 활동할 당시 "한국 민족의 부흥은 반드시 대종교가 발전하는 데 있다"라고 하였다. 조완구와 신규식 등은 김백연·백순·박찬익·정신 등과 함께 매주 단군에 예배를 올렸다. 어천절(3월

대종교 인사들

15일)과 개천절(10월 3일)에 경축식을 행하고, 국치일(8월 29일)에 침통한 의식을 행하였다. 특히 신규식은 더위나 추위를 불문하고 아침에 일어나면 단군 성상에 묵념과 기도를 하였으며, 이순신 장군의 시 "서해어룡동誓海魚龍動, 맹산초목지盟山草木知"를 읊으며 각오를 다졌다고 한다. 대종교의 의식은 조국을 떠나 상해로 몰려든 청년들에게 깊은 인상을 주었다.

이처럼 대종교는 독립운동의 구심점 역할을 하였다. 대종교인들의 생각은 단군을 받들고, 홍인인간 사상을 중심으로 민족의 정신을 바로 세우고 나라를 일으키자는 것이었다. 그들은 전통 학문을 깊이 연구하고, 국학 운동에도 많은 관심을 기울였는데, 양반 관료였거나 군인, 학자 출신 인물들이 많았다. 이상설을 비롯하여 이시영·이회영·신규식·조소앙·박은식·신채호·박찬익 등이며, 조완구도 마찬가지다. 이들 중 8·15광복까지 생존한 이들은 서울의 한미장과 대종교 총본사를 오가며 대종교 부활에 힘을 쏟았다. 대종교 측의 독립운동과 대한민국 임시정부의 활동은 대한제국과 대한민국의 연결 장치였다. 그리고 그 사이에 중요한 연결 고리로 등장한 것이 다름 아닌 대한광복군정부大韓光復軍政府와 신한혁명당이었다.

대한광복군정부 수립과 신한혁명당 조직

한편, 러시아가 일본과 전쟁을 일으킬 것이라는 풍문이 나돌 때 만주와 러시아의 연해주 지역에서 활동하던 독립운동가들은 기대가 컸다. 러시아가 일본과 전쟁을 하면 독립할 수 있는 중요한 기회가 올 것이라고 여겼기 때문이다. 이에 한인들의 민족의식을 높이고, 광복군 자금을 마련하고자 일종의 광복군정부 설립을 꾀하였다. 이상설도 러일전쟁이 재발할 가능성이 있다고 보았다. 그는 시베리아의 한국 교포 이주 50주년을 기념하면서 군자금을 모을 것과 광복군에 의한 조국 독립전쟁을 기약하였다.

그 결과 이상설은 대한한국 역사상 최초의 '정부' 이름을 띤 대한광복군정부를 세웠다. 후일 대한민국 임시정부에서 활약한 이동휘·이동녕 그리고 정재관 등이 함께 참여하여 연해주와 북간도의 독립운동자들을 규합하였다. 이때 이상설이 대한광복군정부의 총책임자로서 정통령正統領에 추대되었다. 대한광복군정부는 광복군의 무력을 기반으로 전쟁을 준비한 단체이다. 1910년에 항일무장 단체로 등장한 13도의군의 목표와 흐름을 이으면서 '광복'과 '정부'란 명칭을 처음 사용하였다. 학자에 따라서는 이를 '망명정부'로 보기도 하고, '군정부軍政府'로 보기도 한다.

마침내 이상설의 기대처럼 1914년 7월 제1차 세계대전이 발발하여 일본을 상대로 대한광복군정부가 러시아 측과 협력하여 전쟁을 수행할 기회가 오는 듯했다. 그러나 국제관계의 흐름은 그의 기대와는 전혀 다른 방향으로 흘러갔다. 러시아가 일본과 전쟁을 할 때가 한국이 독립할 절호의 기회라 여겼으나, 이때 러시아는 오히려 일본과 동맹국이 되어 독일을 상대로 싸웠다. 한걸음 더 나아가 러시아는 일본의 착실한 동맹국으로서 연해주의 한인 지도자들을 체포하고 추방하였다. 권업회의 신문인 『권업신문』까지 정간시키고, 러시아에 거주하는 한인들의 정치·

사회 활동도 금지시켰다. 이런 국제정세의 변동은 독립운동 단체의 내부 갈등을 유발하였다. 이렇게 불행이 겹치면서 사상 최초로 정부의 이름을 띠고 등장한 대한광복군정부는 오래 유지되지 못하고 역사의 뒤안길로 사라졌다. 이때 정통령 직을 사퇴한 이상설의 좌절감은 매우 컸다.

그럼에도 이후 이상설을 중심으로 다시 신한혁명당新韓革命黨이 등장하였다. 신한혁명당은 1915년 3월경 상해의 영국조계에서 조직되었다. 당의 본부를 북경에 설치하고, 재정부·교통부·외교부를 두었다. 이제는 중국과의 협력을 통해 일본에 대항하고자 하였다. 북경에서 온 성낙형, 상해에서 온 박은식과 신규식, 청도에서 온 조성환, 시베리아에서 온 유동열, 국내에서 온 유홍렬, 간도에서 온 이춘일 등이 이에 참여하였다. 이들은 고종을 당수로 추대하고, 이상설을 본부장, 박은식을 감독에 선임하였다. 이 신한혁명당은 이상설이 마지막으로 심혈을 기울인 조직으로, 대한민국 임시정부의 모태가 되었다.

일본 측의 기록에 의하면 이때 이상설이 상해와 북경 등에까지 직접 간 것으로 되어 있다. 신한혁명당이 조직된 얼마 후 외교부장 성낙형이 국내에 들어와 비밀리에 고종을 알현하였다. 성낙형은 해외에서 이상설 등이 국권회복을 위해 헌신하고, 신한혁명당을 조직하여 고종을 당수로 추대하고자 한다고 상주하였다. 그러나 이것이 발각되어 그는 일본 군경에 체포되었다.

이 소식에 이상설은 다시금 큰 충격을 받았다. 1916년 초 이상설은 심신의 과로와 좌절로 하바로프스크에서 지쳐 쓰러져 눕게 되었다. 동지들은 이상설을 따뜻한 우수리스크로 옮겨 정양케 하였다. 그러나 건강을 회복하기에는 늦었다. 회복이 어렵다고 판단한 동지들은 위험을 무릅쓰고 국내로 은밀히 연락을 취하여 이상설의 아내와 아들을 연해주로 급히 불러들였다. 만주로 망명한 지 11년, 헤이그특사로 파견된 지 10년 만에 이상설은 해외를 떠돌다가 병석에 누운 채로 고국에서부터 급히 달려온 아내와 아들을 상봉하였다.

조국 광복을 이루지 못하고
맞이한 죽음

특사의 사명 수행이 남긴 것

이상설의 헤이그특사 활동이 남긴 것은 무엇일까? 간혹 헤이그특사는 당초부터 실패할 수밖에 없었고, 결국 쓸모없는 구걸 외교였다는 주장을 하기도 한다. 또, 이준의 죽음에 대해서도 "성과가 없을 게 뻔한 밀사 외교에 열사 이준을 분사憤死로 몰아넣은 것은 일본의 침략과 열강의 무관심이기도 했지만, 결국 백성과 국가를 개인 재산쯤으로 생각하고 강국들에 의지하려고만 했던 황실 세력의 반역사적 태도였다"라는 마르크스주의자 식의 주장도 있다.

당시의 국제정세로 볼 때 헤이그특사 외교가 실패할 수밖에 없는 것이라는 주장에는 공감한다. 그러나 특사의 파견과 활동이 지니는 의미까지 매도하는 것은 객관적 역사 인식과는 거리가 멀다. 대한제국이 처했던 극한의 상황에 대한 무지도 있을 것이다. 당시의 외교를 '사대의존적인 구걸 외교'라고 비하한다면, 조선의 사대교린 정책, 나아가 대한민국의 대미 외교 및 대일 외교 등 현대의 각종 외교도 대부분 그렇게 매도될 여지가 충분하다. 그것은 한국사와 전통 사회를 매도하는 데 익숙한 식민사관이나 공산주의식 사관 혹은 전 세계의 모든 나라와 정부를 부정하려는 아나키스트적 관점 등에서나 가능한 주장이다.

조선 시대에 중국에 사대와 조공을 한 것은 그럴 만한 이유가 있었다. 조선만이 아니라 중국 주변의 수많은 나라들이 사대교린을 대외정책의 틀로 받아들였던 때이다. '천하에 군림하던' 중국의 요구가 그러했고, 주변 나라 대부분이 이를 수용하여 생존할 수 있었다. 중국은 이를 통해 동아시아 질서를 유지하고 예치禮治를 표방하여 천하의 패자 역할을 하였다. 이런 중국 중심의 세계를 벗어나면서 국가의 주권 독립을 선언한 것이 대한제국이다. 이처럼 나라의 자주독립은 이루었지만, 더 시급한 문제가 있었다. 국가 재정과 국방력의 만성적 빈곤을 극복하는 것이 고종 시대의 가장 중요한 과제들이었다.

그러나 기본적으로 전래의 산업 구조에서 기인한 어려움이 있었다. 약육강식의 논리가 성행한 제국주의 시대에 아직은 농업 국가였던 대한제국은 산업 구조와 인력 자원, 재정, 군사력 등이 탄탄한 서양 각국과 일본을 따라잡을 수 없었다. 서양 각국과 일본은 산업혁명을 이룩한 2차 산업국가로 공업 국가의 면모를 갖춘 상태였다. 조선과 대한제국은 국부의 재원이 농업을 기반으로 하는 1차 산업이었다. 1차 산업국가와 2차 산업국가의 국력은 천양지차였다.

이를 극복하기 위해서는 산업 구조를 전환해야 하는데, 인재가 부족하였다. 당대에 해외의 선진 산업을 견문하거나 현지에서 학습을 한 인력이 극소수였다. 대부분 식자층은 상공업을 천시하는 유학자들이었다. 이들을 해외에 유학시키려면 재정 지원이 든든해야 하지만 그렇지 못한 데다가 침략국의 방해와 공작으로 대부분 학업을 중도에 포기해야 하는 형편이었다. 서구나 일본에 유학을 다녀와 조정에서 근무한 이들이 있었지만 극소수였고, 그나마 정변에 휘말려 대부분 죽음을 맞거나 조정의 요직에서 소외되었다. 새로운 인재를 적절한 시기에 양성하여 대비하지 못한 점, 소수나마 등장한 새로운 인재들이 능력을 펼 기회가 적었던 것은 국정의 책임자인 고종의 지도력에서 일차적 원인을 찾을 수 있다.

그러나 누적된 전통과 당대의 현실은 넘기 힘든 또 다른 장애물이었다. 재정 면에서 보면 조선 왕조 500년 내내 만성 적자였다. 토지가 좁고 척박하며 인구가 많은 농업 국가가 일본 및 서양과 수교를 하였으니 무역적자를 감당하기 어려웠다. 문호를 개방하니 나가는 것은 농산물이었고, 들어오는 것은 공산품이었다. 무역 역조 현상이 심각하였다. 새로운 기술을 받아들이고 그 기술을 지닌 교사나 기술들을 초빙하자니 비용을 감당하기 어려웠다. 거기에 대하여 해외 사절의 파견과 대외 교류에 드는 비용조차 큰 부담이었다.

이런 상황에서도 공업 사회로 '구조조정'하는 일이 시급함을 깨닫고, 늦게나마 대한제국 정부에서는 산업화를 서둘렀다. 그러나 시간이 없었고, 재정 역시 뒷받침되지 않았다. 청일전쟁 전후 일본과 재정 규모를 비교하면 수십 대 일이었다. 군사력의 차이는 그 이상이었다. 결국 외채를 쓸 수밖에 없는 상황이었지만, 각국에서는 차관을 제공하지 않았다. 그나마 제공할 경우에는 고리채를 감당해야만 하였다. 그 결과 국가 재정의 위기가 닥치자 1907년 국채보상운동이 전국적으로 펼쳐졌다.

이런 악조건을 딛고 한국이 자급자족 체제를 갖출 수 있었던 것은 대한제국 시기도 아니고, 일제강점기도 아니었다. 현대에 와서야 그것이 가능하였다. 제국주의 시대에 가난한 약소국으로서 스스로의 의지와 상관없이 나라의 운명이 결정되어갔음은 잘 아는 사실이다. 그런 절망적인 상황에서 추진한 것 중 하나가 헤이그특사의 외교였다. 이런 현실을 감안할 때 극한 상황에서나마 취해진 대한제국 시기의 노력을 구걸 외교라든가 무의미한 일이었다고 평가하는 것은 적합한 해석이라고 보기 어렵다.

나라란 무엇이고, 개인의 삶이란 무엇인가. 100여 년 전의 한국인들에게 참으로 간절한 질문이었을 것이다. 이들은 군주 국가이자 가난한 농업 국가에서 태어나 군주부터 일반 백성에 이르기까지 절망과 비탄 속에 삶을 마감하였다. 그 가운데서도 이 나라의 독립과 국민의 인간다운 삶을 위해 헌신한 이들이 적지 않았다. 이 땅에서 태어나 구국운동과 조국의 근대화에 생을 바친 내국인뿐 아니라 풍요한 나라에서 태어나 가난한 나라로 와서 교육·의료·선교 활동을 하며 봉사한 외국인도 있었다.

대한제국 선포 전후 특사 외교가 여러 차례 있었다. 민영환의 대유럽 및 대러시아 외교, 이승만의 대미 외교사절 파견, 헤이그특사의 활동

등인데, 모두 고종의 명을 받아 수행한 것이었다. 객관적으로 보아 어느 것도 성공을 기대하기는 어려웠다. 결과도 그러하였다. 그러나 길게 볼 때 이런 노력이 가져온 결과는 결코 무의미하지 않았다. 국력의 한계를 절감하고, 약소국이 국제 사회에서 겪는 고통을 똑바로 보게 하였다. 그런 참담한 좌절과 시련, 희생이 현대에 와서 국민 상하를 격동시킬 수 있었던 중요한 깨달음이었을 것이다.

광복 이후 대한민국은 국가와 국민의 부단한 경제 건설 노력, 산업화 추구, 교육 진흥, 해외와의 개방적인 기술 교류, 종교와 언론의 자유 확대, 군사 기술의 발전 등 강력한 국가 건설의 의지 하에 각 분야가 놀라운 성장을 이루었다. 갑자기 하늘에서 떨어진 행운을 주운 것이 아니라 수많은 희생과 노력 끝에 얻은 것이다. 한 세기 전 이상설·이준·이위종·헐버트 등 헤이그특사의 시련이 현대 한국의 기적을 낳은 정신적 원동력의 일부가 되었다.

수이푼강에 뿌린 눈물

헤이그특사의 사명 이후 이상설은 한 해도 거르지 않고 독립운동을 지속해왔다. 주요 목표는 해외 한인의 결속과 항일 독립운동의 구심체 결성이었다. 그러나 일본의 공작과 러시아의 이반으로 그가 시도한 대부분의 조직과 운동은 거듭 좌절을 겪었다. 절망도 컸고 심신의 과로도 겹쳤다. 일본의 압제와 단속이 가장 큰 원인이었지만, 러시아의 일관성 없는 자세, 출신 지역과 인물 및 노선의 차이로 인한 독립운동 단체와 한

인사회 내부의 갈등도 어려움을 더했다. 거기에다 국제정세가 불리하게 변하면서 이상설은 더욱 절망하였다. 내외의 장애가 마음의 병이 되었고, 그것이 육신의 병으로 나타나 마침내 과로에 지친 그는 쓰러지고 말았다.

이상설의 병이 위중하다는 소식을 전해 받고, 부인과 아들 정희庭熙, 동생 상익이 달려와 병석에서나마 반가운 해후를 하였다. 만주와 상해, 연해주와 유럽, 미국 등지로 떠돌며 사명을 수행한 지 11년, 헤이그특사 임무를 수행한 지 10년 만이었다. 아내와 아들, 동생 그리고 동지들은 이상설을 극진히 보살폈다. 그러나 그런 보람도 없이 이상설은 결국 두 달 뒤에 눈을 감고 말았다. 그 1년 전 나철의 유해를 봉환하였던 조완구는 이동녕·백순 등과 함께 다시 이상설의 마지막을 지켰다. 단군을 내세워 독립운동의 정신적 지지대 역할을 하던 나철, 해외 한인의 결집과 교육, 실업을 통해 독립운동을 추구하던 이상설 등 독립운동의 초기 선구자들이 이렇게 스러져갔다.

임종을 지키던 동지들에게 이상설은 "그대들은 합세하여 조국 광복을 기필코 이룩하라. 나는 조국 광복을 이루지 못하고 이 세상을 떠나니 어찌 고혼인들 조국에 돌아갈 수 있으랴. 내 몸과 유품은 모두 불태우고 그 재마저 바다에 날린 후 제사도 지내지 말라"라고 하였다. 나라를 잃은 사람에게는 무덤도 필요 없으니 유해를 화장하여 강에 뿌리고 유품을 불태우라는 것이 그의 마지막 부탁이었다. 1917년 4월 1일 끝내 이상설은 눈을 감았다. 민영환·나철과 함께 독립운동가들의 정신적 지주이자 독립운동의 선구자인 이상설은 그렇게 세상을 떠났다.

우수리스크 이상설 선생 추모비

이상설의 부음이 전해지자 여러 곳에서 애도하는 글과 시를 썼고, 그것이 언론에 보도되었다. 그중 미주 『신한민보』에 소개된 조문 「리상설공을 됴상」은 다음과 같다.

시베리아의 바람이 급하고 우수리 강의 물결이 목 맺히니, 오호라 우리 공이 길이 갔도다. 만 리 사절이 바다를 건널 때는 천 년 국장이 땅에 떨어진 날이라 성패야 어찌 논하리오. 충의를 깊이 공경하노라. 공은 몸을 바쳤거늘 우리는 몸을 보존하였나니 한 줌에 차는 눈물이 실로 공을 위로함이 아니오 스스로 슬퍼함이로다. 지금 반도에 명월이 달렸나니 공의 영혼이 항상 임하소서.

-『신한민보』, 1917. 5. 31

근대 수학과 과학 교육의 선구자, 그리고 황제의 특사이자 해외 독립운동의 선구자인 이상설의 유해는 유언에 따라 화장하여 우수리스크의 수이푼강에 뿌려졌다. 생전의 유품과 소중히 간직한 기록도 동지들의 안전을 위해 대부분 소각되었다. 그의 고향 진천에는 사당과 부부의 합장묘가 있다. 한 줌 모래에 담겨 온 그의 넋이 그곳에 잠들어 있다. 그의 선구적인 서양과학 교육과 헤이그특사의 활동, 그리고 해외 독립운동의 선구적 활동과 업적을 기리는 기념관도 함께 자리를 잡아가고 있다. 이상설과 관련된 국내외의 사료 수집과 정리를 통해 머지않아 튼실한 『이상설전집』이 완성되기를 고대한다.

글을 마치며

블라디보스토크는 동북아에 위치한 도시로, 러시아의 중요한 항구이다. 거기서 아무르강을 따라 북상하면 우수리스크라는 곳이 있다. 소왕령이라 부르는 곳이다. 그 지역에 수분하, 즉 수이푼강으로 불리는 강이 있다. 1996년 10월 27일 이곳에서 오래전에 세상을 떠난 한 선구자의 혼을 부르는 의식이 진행되었다. 초혼제의 주인공은 다름 아닌 이상설이었고, 초혼제의 참여자는 한국 독립운동사 연구자인 윤병석 교수와 이상설선생기념사업회의 이상훈 선생을 비롯한 사업회의 관련 인사들, 러시아의 한인 교민, 러시아인 안내인 등 10여 명이었다.

한국과 러시아의 공식 외교 관계는 1905년 일본이 대한제국의 외교권을 탈취해 간 이후 단절되었다. 1945년 8·15이후의 냉전과 6·25전쟁 이후로는 두 나라의 관계가 냉랭하다 못해 얼어붙을 정도였다. 그런 양국의 외교 관계는 1990년 노태우 대통령 시절 북방 외교의 결과로 약 85년 만에 재개되었다. 그로부터 6년이 지난 후, 한국 근대 수학과 과학 교육의 선구자이며, 고종의 헤이그특사, 한국 독립운동의 선구자인 이상설의 초혼제가 행해졌다.

이상설이 세상을 떠날 때 그는 "나라를 잃은 사람에게 무슨 무덤이 필요한가. 나의 유해를 화장하여 강에 뿌리고, 소장한 자료와 유품도 모두 불태우라"라고 유언하였다. 국내에서 급히 달려와 10여 년 만에 가까스로 병석의 그를 상봉한 아내와 아들, 동생 그리고 독립운동을 함께 한 동지들이 정성스럽게 병구완을 했지만 소용이 없었다. 그는 아내, 아들, 동생, 동지들이 눈물을 흘리며 지켜보는 가운데 눈을 감았다. 유해와 유품은 유언대로 화장하여 강에 뿌려졌다.

한 줌의 재로 변한 이상설. 그의 외로운 혼은 어디로 갔을까. 생의 궤적을 거꾸로 하여 연해주와 만주, 유럽과 미국 대륙을 횡단한 뒤, 다시 만주와 연해주를 거쳐 동해, 대한해협, 황해를 휘돌아 서울로 돌아왔을까. 그의 혼이 잠시 이 세상에 떠돌고 있었다면, 아마도 황궁(덕수궁)에 연금되어 고독한 만년을 보내고 있던 고종을 알현하여 황제의 특사로서 이루지 못한 사명을 보고하려 하지 않았을까.

이상설 사후 80년 만에 초혼제에 참여한 일행은 이상설의 유해를 뿌린 강가의 모래를 담아 고국으로 돌아왔다. 1997년 3월 2일 충북 진천에서는 퇴락한 사당 숭렬사崇烈祠를 다시 짓고, 이상설의 동상을 건립하였다. 경내에 있는 추모비의 이름은 청산리전투로 유명한 이범석 장군이 썼고, 비문은 한문학자 이상복이 썼다. 다시금 선구자에 대한 예의를 추슬렀다. 한 줌의 모래로 돌아온 이상설의 유해는 숭렬사 뒤에 위치한 아내의 무덤에 함께 묻혔다. 고국을 떠난 지 90여 년 만에 혼만이 고향으로 돌아와 마침내 안식을 취하게 된 것이다. 나라와 나라 사이에 외교관계가 단절되면 역사 연구는 물론, 산 자와 죽은 자의 관계도 어쩔 수 없이 단절되는 것이 현실이다. 나라를 잃을 경우는 더 말할 것도 없다.

이상설은 국제관계의 현실을 일찍이 절감하면서 20세기 초 국제외교 무대에서 고군분투하였다. 일제에 의해서는 사형 선고가 내려졌다. 살아서는 고국으로 돌아올 수도 없었고, 일생 가족과 생이별한 상태였다. 그는 해외에서 독립운동을 하던 중 수많은 고난과 좌절, 그리고 과로에 심신이 시달리다가 한창 일할 나이인 40대 후반에 운명하였다. 이상설은 망명 생활의 고단함, 부단한 해외 독립운동으로 누적된 과로, 독립운동 과정에서 겪은 좌절 등으로 큰 상처를 입었다. 이 때문에 건강이 나빠져 한창 활동할 나이에 타계하였다. 그는 국권회복에 대한 소망 외에는 모든 것을 버리고 떠났다. 근 한 세기를 지나 고향에 혼만이 돌아왔지만, 그 과정조차 시련이 많았다. 그의 삶과 죽음은 근현대의 한국사와 세계사의 단면을 잘 보여준다.

돌이켜 보면, 이상설의 활동은 폭과 깊이에 있어서 주목해볼 점이 무척 많다. 국내에서의 활동으로는 수학과 과학 등 서양 학문의 선구적인 수용과 교육, 일본의 황무지개척권 요구에 대한 반대운동, 을사늑약에 대한 반대상소와 조약 파기운동 등이 대표적이다. 이때 고종에게 '명예로운 자결'을 촉구한 상소는 조선조 500년 역사에서도 전무후무한 '명상소名上疏'라고 할 만하다. 망명 이후 펼친 활동으로는 북간도의 서전서숙 설립과 해외 민족교육, 헤이그특사로서의 사명 수행, 성명회 선언, 권업회와 대한광복군정부의 수립 등이 주목된다.

이상설은 민족운동을 위한 단체나 조직의 창립에 늘 중요한 역할을 하였으나 배후의 주역인 경우가 많았다. 동포의 구성이나 지역성, 인간

관계 등을 두루 고려하여 해외 한인의 결속을 추구하였다. 대부분의 독립운동가들이 그의 인격에 감화하고, 그가 나선 단체와 독립운동에서 지역과 인맥을 막론하고 힘을 합쳤다. 이것은 그의 인품이나 성격과 무관하지 않다. 그 같은 활동의 결과 그는 1914년 대한광복군정부 수립 당시 정통령正統領으로 추대되었다.

그러나 국제정세의 불리함과 민족운동의 난관으로 이상설은 심한 좌절을 겪었다. 성명회를 조직하고, 유인석과 함께 13도의군을 편성했던 그는 일본의 방해로 러시아 당국의 검속을 받기도 하였고, 나자구의 독립군사관학교 설립을 지원할 당시 동족의 분열상에 좌절하여 "나라에 울고, 집에 울고, 자신에 운다泣國泣家又泣己"라고 통탄하기도 하였다. 또, 대한광복군정부를 수립한 뒤 제1차 세계대전이 발발하였지만 일·러의 연합국 참전으로 권업회와 함께 해산되기도 하였다.

이처럼 거듭 실패로 끝났지만, 모두 중요한 의미를 남겼다. 그중 가장 눈여겨보아야 할 것은 1914년에 수립한 대한광복군정부이다. 이는 한국 최초의 '망명정부'로도 불리며, 신한혁명당과 함께 1919년 탄생한 대한민국임시정부의 선구였다. 이동영·이동휘 등 참여 인사들도 대한민국 임시정부 탄생 과정에 중요한 역할을 하였다. 요컨대 대한광복군정부는 대한제국 – 대한민국 임시정부 – 대한민국으로 이어지는 연속선상에서 소중한 방점을 찍은 또 하나의 징검돌이라 할 것이다.

관료보다는 대학자와 대교육자로서의 소양이 넘쳤던 이상설, 그가 태어난 것은 왕조 시대였고, 그가 살아간 것은 군주 시대의 말기와 망국의 시대였다. 율곡의 대를 이을 대학자라는 평가를 받았으며, 일찍이 근대 수학과 과학 교육을 받아들였지만, 특사의 사명을 받들고 해외에서 독립운동에 매진하느라 일찍부터 두각을 나타내던 교육 분야에서는 그 뜻을 계속 펼치지 못하였다.

이상설은 서양의 새로운 학문, 특히 수학과 과학 분야에 관심이 높았으며, 실제로 이를 학습하고 연구하여 교과서를 만들어 가르치기도 하였다. 그가 특사와 독립운동가의 길을 걷지 않고 수학자나 과학자 혹은 교육자로 남았다면, 근현대 한국의 수학 및 과학이 어느 정도의 수준까지 발전하였을까 문득 궁금해진다.

다른 한편 이상설은 황제의 충신이자 책임감 강한 관료였다. 그래서 국권 수호는 물론 나라의 독립과 미래의 국가 건설을 위해 일생을 바쳤다. 그는 근대 수학과 과학의 선구적 교육자이자 헤이그에서 황제의 명을 수행한 특사단의 대표자, 그리고 1910년대 한국의 독립운동가들 전체를 명실상부하게 대표할 만한 선구적 독립운동가였다.

이상설의 삶과 자취

1870	음력 12월 7일 충북 진천군 덕산면 산척리 산직마을에서 출생. 어릴 적 이름은 복남福男. 자는 순오舜五. 호는 보재(혹은 부재, 溥齋). 당호堂號는 벽로방주인碧蘆房主人
1876	서울 장동 거주 이용우李龍雨 대감에게 양자를 감
1877	한학자 이제촌李齊村에게서 한문을 배우기 시작
1882	친아버지 행우行雨와 양아버지龍雨 사망
1883	친어머니 벽진 이씨碧珍李氏 사망
1885	참판 서공순徐公淳의 장녀 달성 서씨達城徐氏와 결혼
1887	건강 악화로 강원도에서 요양
1888	학우 이범세李範世·여규형呂圭亨 등과 신흥사에서 신학문 수학
1891	양어머니 고령 박씨高靈朴氏 사망
1894	조선의 최후 과거인 갑오문과甲午文科 병과丙科에 합격
1895	4월 7일 비서감(승정원)의 비서랑(6등) 임명. 6월 17일 면직
1896	성균관 교수 임명. 성균관 관장 겸임. 한성사범학교 교관 임명. 성균관 관장 사임. 한성사범학교 교관 사임 탁지부 재무관 임명. 의원 면직. 이 무렵 헐버트Homer B. Hulbert 박사와 친교. 영어·프랑스어 등을 배움
1903	궁내부 특진관 임용. 칙임관 4등에 서임
1904	궁내부 특진관 사임. 일본의 황무지개척권 요구 비판상소를 박승봉과 함께 올림. 고종이 일본의 요구를 물리쳤다 하여 '광무가지光武嘉

之'라 전함

1904	대한협동회(보안회의 후신)의 회장으로 선임됨. 종2품 이상설, 형법교정관에 차하. 종2품 이상설, 관제이정소 의정관에 임명. 종2품 이상설, 외부 교섭국장外部交涉局長에 임용, 칙임관 4등에 서임
1905	학부협판 임명, 칙임관 2등에 서임. 법무협판으로 전임
	이 무렵 여준·이회영·이시영·이범세·이희종과 외국 서적 연구. 만국공법 등 번역 연구.『십간섭十干涉』·『수리數理』·『백승호초百勝胡艸』·『법학만초法學漫艸』·『조세론』,『국가론』·『법국율례』등 저술을 남김
	의정부 참찬(종2품)에 임명. 민영환(시종무관장)·한규설(참정 대신)·박제순(외부 대신)과 순국 결의함. 이토 히로부미의 협박 아래 을사늑결이 체결되자 조약파기 상소 올림. 민영환의 순국 후 종로에서 연설 후 자결 시도로 인사불성되었으나 시민들이 구원함. 체직되어 관복 벗음
1906	이동녕·정순만 등과 망명. 상해를 거쳐 블라디보스토크로 이동
	북간도 용정에 서전서숙瑞甸書塾 설립
1907	여준에게 서전서숙을 맡기고 이동녕·정순만과 블라디보스토크로 이동. 고종의 밀지를 받음. 이준과 함께 페테르부르크로 출발함
	6월에 헤이그에 도착하여 이준·이위종과 헤이그 만국평화회의 특사 활동함. 공고사控告詞를 평화회의와 각국 위원에게 발송함. 이위종이 국제협회에서 '한국의 호소 A Plea for Korea'를 연설
	7월 14일 이준 순국. 헐버트 박사, 이위종, 송헌주, 윤병구 등과 영국·프랑스·독일·미국·러시아를 순방하여 일제의 침략상을 폭로하고 한국의 영세중립화를 역설
	8월 국내 궐석 재판에서 사형을 선고받음. 일본의 탄압과 재정난으로 서전서숙 폐교
1908	영국에서 미국으로 이동. 미국에서 조야에 한국독립지원 호소. 미국

	콜로라도주에서 열린 애국동지대표자회의에 이승만과 함께 참가
1909	국민회 조직. 국민회 1차 이사회에 참석. 정재관 등과 연해주로 떠남 이승희·김학만·정순만 등의 동지를 규합하여 한흥동 건설함
1910	한일합방 반대 투쟁. 13도의군十三道義軍 편성. 고종에게 군자금 지원 및 러시아 망명을 촉구하는 상소 올림
	성명회聲明會 조직
1911	권업회勸業會 설립. 권업회 의사부 의장 및 회장으로 임명, 『권업신문』 발간
1913	중국 나자구羅子溝 독립군 사관학교 대전학교大甸學校 설립 지원. 밀정으로 몰림. 블라디보스토크에서 하바로프스크로 이동
1914	대한광복군정부 수립. 대한광복군정부 해체. 권업회 해체
1915	신한혁명단 설립, 본부장 피임
1916	이상설 중병. 부인 서씨와 아들 정희의 급거 방문과 간호
1917	4월 1일 우수리스크에서 향년 48세로 서거수분하綏芬河 화장(서거일이 3월 2일로 알려져 왔으나, 최근 새로 수정됨)

〈숭모사업 기타〉

1962	대한민국 정부, 건국훈장 대통령장複章 추서
1971	보재 이상설 선생 숭모비 건립(충북 진천군 진천읍 남산골)
1975	숭렬사崇烈祠 건립(충북 진천, 이상설선생기념사업추진위원회)
1996	숭렬사 중건, 우수리스크 수분하 강변에서 반혼, 경내에 성분
1997	숭렬사와 생가 경내에 이상설 동상과 기념관 건립
1999	중국 길림성 용정시 용정중학 경내에 이상설선생역사전람관 설립
2015	광복70주년 기념 KBS청주방송국 '보재 이상설선생 다큐멘터리' 제작 방영

참고문헌

- 『高宗實錄』, 『承政院日記』, 『修信使日記』, 『독립신문』, 『皇城新聞』, 『增補文獻備考』, 『大典會通』, 『珠淵集』, 『瓛齋集』, 『華西集』, 『勉菴集』, 『張志淵全書』, 『韓末近代法令資料集』, 『西遊見聞』, 『梅泉野錄』, 『尹致昊日記』(1-11), 『大韓季年史』, 『騎驢隨筆』, 『全州 李氏 廣平大君派世譜』.

- 國史編纂委員會, 『韓國獨立運動史』 1, pp. 244~287, 1965; Mckenzie, F. A. 著, 李光麟 譯, 『韓國의 獨立運動』, 一潮閣, 1969.
- 國史編纂委員會 編譯, 『駐韓日本公使館記錄』 1-13, 1987~1995.
- 中山泰昌 編, 『明治編年史』 1-10, 東京: 財政經濟學會, 1936.
- 菊池謙讓, 『近代朝鮮史』 上·下, 京城: 鷄鳴社, 1937.
- 菊池謙讓, 『大院君傳附王妃の一生』, 日韓書房, 1910.
- 外務省 編, 『日本外交文書』 28-29, 日本國際連合協會, 1936.
- 井上侯傳記編纂會 編, 『世外井上公傳』 4, 原書房復刻版, 1968.
- 在上海日本總領事館, 『朝鮮民族運動年鑑』, 東文社書店, 1946.
- 『독립운동사』 4·6, 독립운동사편찬위원회, 1972·1975.
- 『독립운동사자료집』 2·3, 독립운동사편찬위원회, 1978.
- 『獨立有功者功勳錄』 5, 國家報勳處, 1988.
- 『大韓民國獨立有功人物錄』, 國家報勳處, 1992.
- 『國民黨政府與韓國獨立運動史料』, 中央研究院, 1990.
- 조선총독부 경북경찰부, 『고등경찰요사』, 1934.

- 대종교총본사,『대종교 중광60년사』, 1973.
- 강광식,『중립화와 한반도 통일』, 백산서당, 2010.
- 姜萬吉,「俞吉濬의 論文「中立論」」,『創作과 批評』 8-4, 1973.
- 강만길,「대한제국의 성격」,『창작과 비평』, 1978.
- 姜相圭,「高宗의 對外認識과 外交政策」,『韓國史 市民講座』, 1996.
- 강상규,『조선 정치사의 발견』, 창비, 2013.
- 강종일,『고종의 영세중립정책』, 해맞이미디어, 2015.
- 高炳翊,「露皇戴冠式에의 使行과 韓露交涉」,『歷史學報』 28, 1965.
- 구대열,『한국국제관계사연구 1: 일제시기 한반도의 국제관계』, 역사비평사, 1995.
- 국립고궁박물관 편,『대한제국 - 잊혀진 100년 전의 제국』, 민속원, 2011.
- 국사편찬위원회 편,『한국사 42 - 대한제국』. 탐구당문화사. 1999.
- 국사편찬위원회 편,『한국사 37 - 서세동점과 문호개방』, 탐구당문화사, 2000.
- 高炳翊,「露皇戴冠式에의 使行과 韓露交涉」,『歷史學報』 28, 1965.
- 權錫奉,「淸日戰爭 以後의 韓淸關係硏究 1894-1898」,『淸日戰爭을 前後한 韓國과 列强』, 韓國精神文化硏究院, 1984.
- 具汏列,「大韓帝國時代의 國際關係」,『大韓帝國硏究』 3, 梨花女子大學校 韓國文化硏究院, 1985.
- 구선희,『한국근대 대청정책사 연구』, 혜안, 1999.
- 김기석,「光武帝의 주권수호 외교, 1905~1907: 乙巳勒約 무효 선언을 중심으로」,『日本의 大韓帝國 强占』, 까치, 1995.
- 김기혁·유영익·박영재 외.『청일전쟁의 재조명』, 한림대학 아세아문제연구소. 1996.
- 김도형,『대한제국기의 정치사상연구』, 지식산업사, 1994.

- 김동진,「헐버트의 특사 역할」,『백년 후 만나는 헤이그특사』, 태학사, 2008.
- 金祥起,「고종의 헤이그특사 파견과 국내항일투쟁」,『헤이그특사와 한국독립운동』, 독립기념관 독립운동사연구소, 2007.
- 金星淑,「嗚呼! 臨政 30年만에 解散하다」,『월간중앙』1968년 8월호.
- 김승국,『한반도 중립화 통일의 길』, 한국학술정보, 2010.
- 金永上,『서울 六百年』3, 大學堂, 1996.
- 김영작,『한말 내셔널리즘 연구: 사상과 현실』, 청계연구소, 1989.
- 김영희,『좌옹 윤치호선생 약전』, 좌옹 윤치호 문화사업위원회, 1999.
- 김용구,『임오군란과 갑신정변: 사대질서의 변형과 한국외교사』, 원. 2004.
- 金容燮,「愼鏞廈 著,『獨立協會研究』書評」,『韓國史研究』13, 1976.
- 金源模,『近代韓國外交史年表』, 檀大出版部, 1984.
- 金源模,「袁世凱의 韓半島 安保策 1886」,『東洋學』16, 1986.
- 김재명,「조완구선생의 북망산천」,『정경문화』, 1986. 3.
- 金俊燁 編,『石麟 閔弼鎬 傳』, 나남출판, 1995.
- 金鍾圓,「朝中商民水陸貿易章程에 對하여」,『歷史學報』32, 1966.
- 김지영,「헤이그 만국평화회의와 일본정부의 대책」,『백년 후 만나는 헤이그특사』, 태학사, 2008.
- 金哲洙,「연변 조손족의 항일투쟁과 서전서숙」,『한국독립운동과 서전서숙』, 보재이상설선생기념사업회, 2007.
- 김현숙,「한국 근대 서양인 顧問官 연구」, 梨花女子大學校 博士學位論文, 1999.
- 김형목,『김광제 나랏빚 청산이 독립국가 건설이다』, 도서출판 선인, 2012.
- 김희곤,『중국 관내 한국독립운동단체연구』, 지식산업사, 1995.
- 金喜坤,「同濟社의 結成과 活動」,『韓國史研究』48, 한국사연구회, 1985.
- 金喜坤,「新韓靑年黨의 結成과 活動」,『한국민족운동사연구』1, 한국독립

운동사연구회, 1986

- 南坡 朴贊翊 傳記 刊行委員會, 『南坡 朴贊翊 傳記』, 乙酉文化社, 1989.
- 따찌아나 심비르체바(T. Simbirtseba), 「1907년 헤이그 평화회의의 개최과정과 성격」, 『헤이그특사와 한국독립운동』, 독립기념관, 2007.
- 로버트 올리버 지음·황정일 옮김, 『신화에 가린 인물 이승만』, 건국대학교출판부, 2002.
- 레베데프, 「제2차 헤이그 평화회의의 정치적 배경: 러시아의 입장」, 『백년 후 만나는 헤이그특사』, 태학사, 2008.
- 柳永益, 『甲午更張研究』, 一潮閣, 1990.
- 무라세 신야, 「1907년 헤이그 밀사 사건의 유산」, 『백년 후 만나는 헤이그특사』, 태학사, 2008.
- 박걸순, 「李相卨의 民族運動과 後人 論贊」, 『中原文化論叢』 10, 2006.
- 박걸순, 「이상설의 독립운동론과 독립운동」, 『헤이그밀사 이상설』, 이상설선생 순국 제100주기 전국학술대회, 2017. 8. 14.
- 朴敏泳, 「柳麟錫의 국외 항일투쟁 路程(1896~1915) - 러시아 연해주를 중심으로」, 『한국근현대사연구』 19, 2001.
- 박민영, 「국치 전후 李相卨의 연해주지역 독립운동」, 『헤이그특사와 한국독립운동』, 독립기념관 독립운동사연구소, 2007.
- 박민영, 『만주·연해주 독립운동과 민족수난』, 도서출판 선인, 2016.
- 박성래, 「개화기의 서양과학」, 『제5회 국제학술회의논문집』 1, 한국정신문화연구원, 1988.
- 朴英俊, 『한강물 다시 흐르고』, 한국독립유공자협회, 2005.
- 박일근, 『미국의 개국정책과 한미외교관계』, 일조각, 1981.
- 朴宗根 著, 朴英宰 譯. 『淸日戰爭과 朝鮮』, 一潮閣, 1989
- 朴鍾涍 編譯, 『러시아 國立文書保管所 所藏 韓國 關聯 文書 要約集』, 韓

- 國國際交流財團, 2002.
- 朴鍾涍, 「헤이그특사와 한러관계」, 『헤이그특사와 한국독립운동』, 독립기념관 독립운동사연구소, 2007.
- 朴州信, 「근대교육사에서의 서전서숙의 위상」, 『한국독립운동과 서전서숙』, 보재 이상설 선생 기념사업회, 2007.
- 박후건, 『중립화 노선과 한반도의 미래』, 도서출판 선인, 2007.
- 박환, 「이범진과 연해주 지역 한인민족운동」, 『이범진의 생애와 항일독립운동』, 외교통상부, 2003.
- 박환, 『만주지역 항일독립운동 답사기』, 국학자료원, 2001.
- 朴熙琥, 「大韓帝國의 戰時局外中立宣言始末」, 『國史館論叢』 60, 1994.
- 반병률, 『성재 이동휘 일대기』, 범우사, 1999.
- 반병률, 「이위종과 항일 혁명운동」, 『백년 후 만나는 헤이그특사』, 태학사, 2008.
- 반병률 「이범진(李範晉)의 자결(自決) 순국과 러시아와 미주 한인사회의 동향(動向): 1905년 이후를 중심으로」, 『한국학연구』 26, 인하대학교 한국학연구소, 2012.
- 반병률, 『여명기 민족운동의 순교자들』, 신서원, 2013.
- 方善柱, 「徐光範과 李範晋」, 『崔永禧先生 華甲紀念 韓國史學論叢』, 탐구당, 1987.
- 裵敬隆, 「헤이그특사 사건과 일본의 대응」, 『헤이그특사와 한국독립운동』, 독립기념관 독립운동사연구소, 2007.
- 뻬스꿀로바, 「붉은 군대 사령관 왕자 이위종」, 『이범진의 생애와 항일독립운동』, 외교통상부 러시아·CIS과, 2003.
- 徐紘一, 「상동청년회와 서전서숙」, 『한국독립운동과 서전서숙』, 보재이상설 선생기념사업회, 2007.

- 서영희,『대한제국 정치사 연구』, 서울대학교출판부, 2003.
- 서영희,「고종황제의 외교전략과 제2차 만국평화회의 특사 파견」,『백년 후 만나는 헤이그특사』, 태학사, 2008.
- 徐仲錫,「近代極東國際關係와 韓國永世中立國論에 對한 硏究」,『慶熙大學校論文集』4, 1965.
- 서진교,「대한제국기 고종의 황실追崇사업과 황제권의 강화의 사상적 기초」,『한국근현대사연구』19, 2001.
- 宋炳基,「光武改革硏究 - 그 性格을 中心으로」,『史學志』10, 1976.
- 손과지,「한인의 상해망명과 초기 한인사회의 형성」,『한국근현대사연구』7, 1997.
- F.A. 매켄지 지음, 신복룡 옮김,『대한제국의 비극』, 집문당, 1999.
- 申福龍 譯註(H.B. Hulbert 著),『Hulbert 大韓帝國史 序說』, 探求堂, 1979.
- 申福龍·羅洪柱 譯註,『林董(하야시 다다스)秘密回顧錄: The Secret Memoirs of Count Tadasu Hayashi』, 건국대학교출판부, 1989.
- 愼鏞廈,『獨立協會硏究』, 一潮閣, 1993.
- 신용하,「백범 김구의 일제 침략전쟁에 대한 독립운동 전략, 특공작전과 외교」,『백범과 민족운동연구』5, 백범학술원, 2007.
- 심훈,「단재와 우당장」,『동아일보』, 1936. 3. 13.
- 로버트 올리버 지음·황정일 옮김,『신화에 가린 인물 이승만』, 건국대학교출판부, 2002.
- 안용환,『유길준, 개화사상과 민족주의』, 청미디어, 2010.
- 吳瑛燮,「이위종의 생애와 독립운동」,『헤이그특사와 한국독립운동』, 독립기념관 독립운동사연구소, 2007.
- 오영섭,「고종황제와 한말의병」, 선인, 2007.

- 오영섭, 「이상설의 보황적 민족운동」, 『백년 후 만나는 헤이그특사』, 태학사, 2008.
- 오인환, 『위기관리의 관점에서 본 고종시대의 리더쉽』, 열린책들, 2008.
- 외교통상부 편(윤병희·이민원·박환 외), 『이범진의 생애와 항일독립운동』, 외교통상부 러시아·CIS과, 2003.
- 유동식, 「전덕기의 민중민족 목회사상」, 『나라사랑』 97 – 전덕기 선생특집호, 1998.
- 유영렬, 『개화기의 윤치호연구』, 한길사, 1987.
- 유자후, 『李儁先生傳』, 동방문화사, 1947.
- 尹炳奭, 『增補 李相卨傳』, 一潮閣, 1998.
- 윤병석, 『대한과 조선의 위상』, 선인, 2011.
- 尹炳喜, 「李範晉, 璣鍾, 瑋鍾 3부자의 가계 및 행적」, 『이범진의 생애와 항일독립운동』, 외교통상부, 2003.
- 윤병석, 『한국독립운동의 해외사적 탐방기』, 지식산업사, 1994.
- 尹炳奭, 『增補 李相卨傳 – 海牙特使 李相卨의 獨立運動論 – 』, 일조각, 1998.
- 윤병석, 「만국평화외의와 한국특사의 역사적 의미」, 『헤이그특사와 한국독립운동』, 도서출판 새미, 2007.
- 윤병석 외, 『한국독립운동과 서전서숙』, 보재이상설선생기념사업회, 2007.
- 이계형, 『고종 황제의 마지막 특사 이준의 구국운동』, 역사공간, 2007.
- 李光麟·愼鏞廈, 『史料로 본 韓國文化史 – 近代篇』, 一志社, 1984.
- F.H. 해링튼 지음, 이광린 역음, 『개화기의 한미관계』, 일조각, 1982.
- F.A. 맥켄지 지음, 이광린 역음, 『한국의 독립운동』, 일조각, 1982.
- 李求鎔, 「大韓帝國의 成立과 列强의 反應」, 『江原史學』 1집, 1985.
- 이규창, 『운명의 여신』, 보연각, 1992.

- 이규태, 「이범진」, 『조선일보』, 2000. 5. 23.
- 李基白 編, 『韓國史市民講座』 12, 一潮閣, 1993.
- 이기항 편, 『헤-그에서 본 이준열사』, 화란: 사단법인 이준 아카데미, 2000.
- 이동언, 『독립운동 자금의 젖줄 안희제』, 독립기념관 한국독립운동사연구소, 2010.
- 이동언, 『내가 몰랐던 독립운동가 12인』, 도서출판 선인, 2013.
- 이동언, 『여명기 민족운동의 순교자들』, 신서원, 2013.
- 이명화, 『中國에서의 安昌浩의 獨立運動硏究』, 홍익대학교 대학원 박사학위논문, 2000.
- 李明花, 「헤이그특사가 국외 독립운동에 미친 영향」, 『헤이그특사와 한국독립운동』, 독립기념관 독립운동사연구소, 2007.
- 이명화, 「헤이그특사의 역사적 의의와 이상설의 역할」, 『헤이그밀사 이상설』, 이상설선생기념사업회, 2017. 8. 14.
- 이민원, 『한국의 황제』, 대원사, 2002, 63~66쪽.
- 李玟源, 「稱帝論議의 展開와 大韓帝國의 成立」, 『淸溪史學』 5, 1988.
- 이민원, 「大韓帝國의 成立過程과 列强과의 關係」, 『韓國史硏究』 64, 1989.
- 이민원, 『한국의 황제』, 대원사, 2001.
- 이민원, 『명성황후시해와 아관파천』, 국학자료원, 2002.
- 이민원, 「대한제국의 성립과 「광무개혁, 독립협회에 대한 연구성과와 과제」, 『한국사론』 25, 국사편찬위원회, 1995.
- 이민원, 「대한제국의 역사적 위치-선포와 존재의 의미를 중심으로」, 『忠北史學』 11·12, 2000.
- 이민원, 「일본의 대한침략과 대한제국의 경운궁」, 『한국독립운동사연구』 22, 2004.

- 이민원, 「광무황제와 헤이그특사 이준」, 『한국 전통사회의 재인식 - 학고 이상 태박사 정년기념논총』, 경세원, 2006.
- 이민원, 「헤이그특사 이위종의 생애」, 대한민국순국선열유족회 공훈선양 학술강연회, 독립관, 2006. 6. 26.
- 이민원, 「서전서숙 설립전후 이상설의 민족운동」, 『한국독립운동과 서전서숙』, 사단법인 보재 이상설 선생 기념사업회, 2006.
- 이민원, 「광무황제와 헤이그특사 - 헤이그특사 파견 논리와 구상을 중심으로」, 『헤이그특사와 한국독립운동』, 독립기념관 한국독립운동사연구소, 2007.
- 이민원, 「대한제국의 장충사업과 그 이념 - 장충단과 모충단을 중심으로」, 『동북아 문화연구』 33, 2012.
- 이민원, 「근대 학설사 속의 '단군민족주의' - 대한제국의 편찬사업 및 대종교와 관련하여」, 『韓國思想과 文化』, 2014.
- 李培鎔, 『舊韓末 鑛山利權과 列强』, 韓國研究院, 1984.
- 李培鎔, 「開化期 明成皇后 閔妃의 政治的 役割」, 『國史館論叢』 66, 1985.
- 이상구, 홍영희, 「李相卨의 算書 數理」, 『한국수학사학회지』 22 - 4, 2009.
- 이상구, 설한국, 「이상설: 한국 근대수학교육의 아버지」, 『한국수학사학회지』 22 - 3, 2009.
- 이상구, 박종윤, 김채식, 이재화, 「수학자 보재 이상설의 근대자연과학 수용 - 백승호초(百勝胡艸)를 중심으로」, 『수학교육 論文集』 27 - 4, 2013.
- 이상구, 「한국 근대수학 및 과학교육에 있어서의 보재 이상설 선생의 역할」, '보재 이상설 선생 순국 제100주기추모 학술발표'원고, 이상설 선생기념사업회, 2017. 8. 14.
- 李瑄根, 『韓國史 - 現代篇 - 』, 震檀學會, 1963.
- 李善俊, 『一醒 李儁 烈士』, 세운출판사, 1973.

- 이양자,「청의 간섭」, 국사편찬위원회 편,『한국사39』, 국사편찬위원회, 1999.
- 이왕기·이해준·오석민·김학수,『예산 수당 이남규고택 조사보고서』, 충청남도 예산군, 2013.
- 李王職實錄編纂會 編,『皇帝讓位前後の重要日記』, 韓國學中央研究院, 1908.
- 이욱,「근대 국가의 모색과 국가의례의 변화-1894~1908년 국가 제사의 변화를 중심으로-」,『정신문화연구』95, 2004.
- 이윤상 외,「'광무개혁' 연구의 현황과 과제」,『역사와 현실』8호, 1992.
- 李恩淑,『가슴에 품은 뜻 하늘에 사무쳐』, 人物研究所, 1981.
- 이재관 등 편,『상동교회백십일년사』, 기독교 대한감리회 상동교회, 1999.
- 이재승 역(초고),
- 李丁奎·李觀稙,『友堂 李會榮 略傳』, 을유문화사, 1985.
- 李庭植,『金奎植의 生涯』, 新丘文化社, 1974.
- 李泰鎭,『高宗時代의 再照明』, 태학사, 2000.
- 이태진 편,『일본의 대한제국 강점-보호조약에서 병합조약까지-』, 까치, 1995.
- 이태진 편,『백년 후 만나는 헤이그특사』, 태학사, 2008.
- 이화여자대학교 한국문화연구원,『대한제국 연구』1~5, 백산자료원, 1983~1986.
- 이현주,『한국사회주의 세력의 형성: 1919~1923』, 일조각, 2003.
- 일성이준열사기념사업회 편,『이준 열사, 그 멀고 외로운 여정-검사의 길, 특사의 길, 국민 계몽의 길』, 나무발전소, 2014.
- 장석흥,『차리석 평전』, 역사공간, 2005.
- 장영숙,『고종의 정치사상과 정치개혁론』, 선인, 2010.

- 전택부, 『한국기독교청년회운동사』, 정음사, 1977.
- 全海宗 외, 『中國의 天下思想』, 民音社, 1988.
- 정성길 편·이민원 감수, 『일제가 강점한 「조선」: 日本之朝鮮』, 한국영상문화사, 2012.
- 정숭교, 「이준의 행적 및 고종황제의 특사로 발탁된 배경」, 『백년 후 만나는 헤이그특사』, 태학사, 2008.
- 정진석 외, 『윤봉길과 상해의거』, 매헌윤봉길의사기념사업회 매헌연구원, 2011.
- 정정화, 『장강일기』, 학민사, 1998.
- 趙圭恩, 『孤獨한 勝利』, 한민출판사, 1993.
- 조동걸, 「臨時政府 樹立을 위한 1917년의 大同團結宣言」, 『韓國民族主義의 成立과 獨立運動史硏究』, 지식산업사, 1989.
- 주요한, 『秋汀 李甲』, 民衆書館, 1964.
- 차옥숭, 『천도교 대종교 – 한국인의 종교경험』, 서광사, 2000.
- 崔根甲, 「북간도 조선인 항일독립운동의 원류」, 『한국독립운동과 서전서숙』, 보재이상설선생기념사업회, 2007.
- 최기영, 「한말 법관양성소의 운영과 교육」, 『한국근현대사연구』 16, 2001.
- 崔起榮, 『韓國近代啓蒙運動硏究』 一潮閣, 1997.
- 崔起榮, 「한말 李儁의 정치·계몽활동과 민족운동」, 『헤이그특사와 한국독립운동』, 독립기념관 독립운동사연구소, 2007.
- 최문형, 『러시아의 남하와 일본의 한국침략』, 지식산업사, 2007.
- 최문형, 『한국을 둘러싼 제국주의 열강의 각축』, 지식산업사, 2001.
- 崔文衡, 『제국주의 시대의 列强과 韓國』, 民音社, 1990.
- 崔文衡 외, 『明成皇后 弑害事件』, 민음사, 1992.
- 최혜경, 「애국계몽기 우천 조완구와 대동교 운동」, 『경주사학』 19, 2000.

- 최혜경,「대한민국임시의정원의 성립과 조완구의 의정활동」,『경주사학』 20, 2001.
- 崔洪彬,「서전서숙과 조선족 사회」,『한국독립운동과 서전서숙』, 보재이상설선생기념사업회, 2007.
- 프랑시스 레이/최종고·남효순 역,「대한제국의 국제법적 지위」,『日本의 大韓帝國 强占』, 까치, 1995.
- 허은 구술·변창애 기록,『아직도 내 귀엔 서간도 바람소리가』, 정우사, 1995.
- 호춘혜,『중국안의 한국독립운동』, 단대출판부, 1978.
- 한시준,『한국광복군연구』, 일조각, 1993.
- 한시준,「신흥무관학교와 한국독립운동」,『한국독립운동사연구』 40, 독립기념관 한국독립운동사연구소, 2011.
- 韓國史硏究協議會 編,『韓露關係100年史』, 1984.
- 한국정신문화연구원 역사연구실 편,『세종조의 문화연구』 1·2, 박영사 1982·1984.
- 한영우,『명성황후와 대한제국』, 효형출판사, 2001.
- 韓哲昊,『親美開化派硏究』, 國學資料院, 1998.
- 韓哲昊,「헐버트의 만국평화회의 활동과 한미관계」,『헤이그특사와 한국독립운동』, 독립기념관 독립운동사연구소, 2007.
- 許東賢,『近代韓日關係史硏究 - 朝士視察團의 日本觀과 國家構想』, 國學資料院, 2000.
- 허동현,「高宗의 引俄保國 정책과 宮庭派 관료 李範晉(1853~1911)의 보국활동」,『한국민족운동사연구』 69, 한국민족운동사학회, 2011.
- 허우 이재·장지용 옮김,『원세개』, 지호, 2003.
- 홍선표,「헐버트(Homer B. Hulbert)의 在美 한국독립운동」,『한국독립운동사연구』 55, 독립기념관 한국독립운동사연구소, 2016.

- 홍선표, 「1900~1930년대 하와이 한인사회의 선전·외교활동」, 『한국민족운동사연구』 89, 한국민족운동사학회, 2016.
- 黃玹 著, 金濬 譯, 『매천야록』, 교문사, 1994.
- 張啓雄, 「中華世界帝國與秩琉球王國的地位 – 中西國際秩序原理的衝突」, 『第三屆中琉歷史關係國際學術會議論文集』, 台北:中琉文化經濟協會, 1991.
- 張存武, 「十九世紀末韓國雙重外交體制的建立」, 『第一回韓國學國際學術會議論文集』, 仁荷大學校 韓國學研究所, 1987.
- _____, 「中國與明淸時代的韓琉關係」, 『第2屆國際漢學會議 論文集1』, 1989.
- 釋尾春芿, 『朝鮮倂合史』, 朝鮮及滿洲社, 1926.
- 片野次雄, 『李朝滅亡』, 東京:新潮社, 1994.
- 奧村周司, 「李朝高宗の皇帝卽位について–その卽位儀禮と世界觀」, 『朝鮮史研究會論文集』 33, 1995.
- 月脚達彦, 「大韓帝國 成立前後の對外的態度」, 『東洋文化硏究 1』, 學習院大學 東洋文化硏究所, 1999.
- 朝鮮總督府 編, 『日本之朝鮮』, 東京:有樂社, 1910.
- Allen to Hay, Seoul, No. 721, April 16, 1904, *Despatches from U. S. Ministers to Korea*.
- A Plea for Korea by Ye We Chong, *The Independent*, Vol. 63, No. 3064, August 22, 1907.
- *The Korean Repository*
- *Korea Review*
- *F.O. 405 - 68~73, Part V~X (1895~1898), Further Correspondence Relating to Corea, and China, and Japan. Printed for the use of

Foreign Office. Her Majesty's Government.
- *Despatches from U.S. Ministers to Korea 1883-1905.* National Archives M.F. Record Group No.134.
- *Diplomatic Instructions from the Department of State to U.S. Ministers to Korea, 1883~1905.* National Archives M. F. Record Group No.77.
- *The North China Herald and Supreme Court&Consular Gazette.* Shanghai.
- Bishop, Isabella Bird, *Korea and Her Neighbors, Shanghai*: Kelly and Walsh Ltd, 1897.
- Chandra, Vipan. "Sentiment and Ideology in the Nationalism of the Independence Club(1896~1898)", *Korean Studies*, Vol.10,1986.
- Clarence N. Weems, ed., Hulbert's History of Korea(Vol. I&II, Hillary House Publishers Ltd., New York, 1962.
- Fairbank, John King ed., *The Chinese World Order-Traditional China's Foreign Relations*, Cambridge Massachusetts: Harvard University Press, 1968.
- Jongsuk Chay, *Diplomacy of Asymmetry: Korean-American Relation to 1910*, University of Hawaii Press, 1990.
- H.M. Mensonides, A Korean Drama In The Hague(in 1907) (A lecture given to The Hague History Society in March 1977).
- Lensen, *George Alexander. Balance of Intrigue: International Rivalry in Korea and Manchuria 1884~1899.* 2 vols. Tallahassee: Florida State University Presses, 1982.
- Nelson M. Frederick, *Korea and the Old Orders in Eastern Asia,*

Lousiana State University Press, 1946.
- Oka Yoshitake, "Ito Hirobumi: Father of the Constitution, 1841~1909" in *Five Political Leaders of Modern Japan*. University of Tokyo Press, 1979.
- Peget Wilken, *Missionary Joys in Japan*, London, 1916.
- Kim, C.I. Eugine and Kim Han-kyo, *Korea and the Politics of Imperialism 1876~1910*, Berkeley and Los Angeles: University of California Press, 1968.
- M. Frederick Nelson, *KOREA and the Old Orders in Eastern Asia*, Louisiana State University Press, Baton Rouge, Louisiana, 1946, pp. 272~287.

찾아보기

ㄱ

가수복買壽福 46
가쓰라 다로桂太郞 71
가쓰라-태프트 밀약 70, 114
가풍 67
간민자치회墾民自治會 90
『간이사측문제집簡易四則問題集』 51
갑신정변 20, 130
갑오개혁 33, 42, 45
강상원姜相遠 83
강석화姜錫華 155
강택희 151
개천절 158
경복궁 17, 58, 128
경성고등보통학교 27
경운궁 41, 57~60, 100, 123
계동학교 133
고무라 주타로小村壽太郞 71, 115
고종 16, 18, 25, 38, 40, 56, 57, 59, 60, 64, 72, 74, 83, 85, 92, 95~97, 102, 105, 106, 113, 128, 129, 131, 149
『고종실록』 44, 75
『고종태황제실록』 87
공립협회 147
공수학교工數學校 54

관립 외국어학교 43
관민공동회 38
광무학교 43
광혜원 20
『구한국외교문서』 93
『국가론』 50
국민교육회 123
국민회 147, 148
국채보상운동 123
『권업신문』 151
권업회勸業會 141, 150, 153
『근세대수』 54
『근이산술서近易算術書』 51
『기려수필騎驢隨筆』 124
길모어 24, 50
김구 156
김동환 87~89
김두봉 156
김립金立 153
김백연 156
김병시 121
김봉학 81
김약연 90
김우용金禹鏞 86
김응길金應吉 46
김익용 151

김학만 149
김홍집 25

ㄴ

나가모리 도키치로長森藤吉郞 60, 61
나철 154
남경조약南京條約 11
넬리도프Nelidof 109, 110
『뉴욕헤럴드』 111
니콜라이 2세 91, 99, 136

ㄷ

다카히라 고고로高平小五郞 115
『단군교포명서檀君敎佈明書』 154
단발령 35
대동보국회大同保國會 147
대전학교大甸學校 153
대종교 154, 155, 158
대한광복군 141, 158
『대한매일신보』 74, 83, 106
『대한예전』 42
대한인국민회大韓人國民會 147
대한제국 41, 56~58, 60, 92, 123, 132
대한협동회大韓協同會 65, 122
『덕수궁사德壽宮史』 87
『독립신문』 28, 36, 39, 41
독립협회 28, 38, 64, 65, 122
동의회 135
동학농민군 33

ㄹ

람스도르프 V. N. Lamsdorff 92
러시아공사관 35, 40
러일전쟁 60, 87
레닌 67
로마노비치 로젠Romanowych Rosen 115
루스벨트 65, 68

ㅁ

막심 고리키 67
만국평화회의 82, 91~93, 95, 96, 98, 108, 110, 119, 128, 132, 137, 140
만민공동회 39, 122
『매일신문』 66
『매천야록梅泉野錄』 124
메이지유신 17
명동서숙明東書塾 90
명성황후 시해 사건 25, 35
모토노 이치로本野一郞 117
문일평文一平 85
미국공사관 58
미우라 고로三浦梧樓 35
민영돈 99
민영환 28, 40, 65, 71, 73, 77~81, 118, 122, 131
민종식 81
민필호 156

ㅂ

박규수 19

박무림 90
박승봉朴勝鳳 62
박용만 99, 146
박은식 46, 125, 156
박제순 71, 73
박찬익 156
박호암朴湖巖 155
배설 84
배재학당 20
백순 156
『백승호초百勝胡艸』 45, 50, 54
『법률조례』 50
『법학만초法學蔓艸』 45, 50
벙커 24, 50
보광학교 123
보성중학교 54
보안회輔安會 64, 122
블라디보스토크 11, 29, 82, 86, 88, 89, 108, 123, 133, 135, 148~150, 156

ㅅ

사이고 다카모리西鄕隆盛 18
『산술신서算術新書』 53, 87
상공학교 43
상동교회 84, 97, 102, 103, 122
서공순徐公淳 16
서광범 130
서만순 22, 50
서상진徐相津 149
서재필 28, 38
서전서숙瑞甸書塾 86~90
서정순 84

『서학계몽西學啓蒙』 55
설태희 123
성명회 조직 141
세동학교 133
세르게이 비테Sergei Vitte 115
송수만 64
송종호 147
송헌주 99
수당고택修堂古宅 44, 45
『수리數理』 44, 50, 53
『수리정온』 53
수옥헌漱玉軒 58, 60, 73
『순종황제실록』 87
스크랜턴 20, 23, 49
스테드 120
스투너Berta Von Suttner 92, 118
슬루베 67
시노다 치사쿠篠田治策 87
시드니 레일리Sidney Reilly 67
시모노세키조약 34
시베리아횡단철도 66, 108
『식물학植物學』 50, 54
『식물학계몽植物學啓蒙』 55
신규식申圭植 85, 156
신동학교 133
『신리대전神理大全』 155
신미양요 17
신민회 99, 123
신채호申采浩 85
『신한민보新韓民報』 148
신한촌 133, 150
신한혁명당 141

신흥사 22, 29
실리야쿠스 67
심상진 64
심상훈 77
『십간섭十干涉』 50
13도의군 141, 149

ㅇ

아관파천 25, 33, 36, 42, 45, 118, 129
아령파천俄領播遷 149
아카시 모토지로明石元二郎 67
아펜젤러 20, 23, 49
안재홍 156
안중근 135, 136
안창호 123
안호형安鎬瀅 103
안효제安孝濟 85
알렌 20, 58
애국동지대표자회의 141, 145, 147
양기탁 65, 122, 123
어천절 156
언더우드 20, 23, 49
엄인섭 151
여규형 22, 29
여조현 22
여준呂準 71
오경석 19
오기호 155
오상규 123
왕창동 87, 89
『우당 이회영 선생 실기』 48
운요호雲揚號 18

원동임야주식회사 149
원세성 122
월리엄 스테드 118
웜스Clarence N. Weems 99
유근柳瑾 155
유대치 19
유성준 123
유인석柳麟錫 81, 149, 151
유자후柳子厚 85
육군무관학교 43
육영공원 20, 23, 27, 29, 50
윤병구 66, 99, 139
윤진우 99
윤치호 28
융호텔Hotel De Jong 123
을사늑약 60, 69, 70, 76, 93, 94, 109, 117, 122
이갑 85
이건창李建昌 29
이관직 48
이관희 64
이기李沂 155
이남규李南珪 45, 46
이남기李南基 149, 150
이노우에 가오루井上馨 35
이도재 84
이동녕 27, 46, 47, 82, 86, 88, 89, 122
이동휘 65, 122, 123, 153
이범세 22, 27, 29, 50, 71
이범윤李範允 82, 135, 149
이범진 57, 93, 99, 108, 127~131, 136
『이보재선생약사李溥齋先生略史』 83
『이상설전李相卨傳』 30

이상익李相益 27, 54, 64, 89
이상재 65, 122
이상직李相稷 83
이상철 81
이승만 65, 141, 142, 144, 146
이승복 46, 47
이승희李承熙 29, 149
이시영李始榮 21, 22, 24, 27~29, 47, 48, 50, 71, 82, 156
이완용 73
이왕직 87
이왕직실록편찬회 137
이용우李龍雨 14, 15
이용익 89
이위종 85, 95~98, 104, 105, 107, 110, 111, 123, 126~128, 130~132, 135, 136, 139
이유승李裕承 21
이유원李裕元 22
이재승 64
이제촌李濟村 21
이종호 151, 153
이준李儁 64, 65, 89, 96, 100, 103~106, 108, 123, 124, 127, 139, 141
『이준선생전李儁先生傳』 85
이준열사기념관 121
이즈볼스키 117
이지용 93
이토 히로부미伊藤博文 57, 71, 72, 74, 77, 104, 136
이한응 131
이회영李會榮 21, 22, 27, 29, 48, 50, 71, 100, 103, 156
이희종 22, 71

임오군란 15, 20

ㅈ

『저상일월渚上日月』 125
전공달 87, 89
전덕기 목사 84, 102, 122, 123
전로한족중앙회全露韓族中央會 151, 156
전명운 136
전봉준 33
정미7조약 139
정순만王昌東 82, 86, 88, 89, 122, 149
정신 156
정운복 65
정원명 148
정인보鄭寅普 84, 85, 156
정일영 62
정재관 147, 150
정한론征韓論 17
정훈모鄭薰謨 155
제1차 러일협정 115
제1회 러일협약Russo-Japanese Agreement 116
제너럴 셔먼호 17
조남복 102
조병세 77, 81, 131
『조세론』 50
조셉 에드킨스Joseph Edkins 55
조소앙 156
조완구趙琓九 24, 30, 46, 47, 156
조정구趙鼎九 24, 100
조한평 22
존 와드먼 66

중명전 60
『증보문헌비고』 42

ㅊ

창덕궁昌德宮 58, 59
『청구신문靑丘新聞』 46
청일전쟁 25, 33, 34, 87, 121, 123
『초등근세산술』 54
최병익崔秉翼 86
최익현 81
최재학 122
최재형崔才亨 135, 151
최정익 147, 148
춘생문春生門 사건 35

ㅋ

크로포트킨 67

ㅌ

태평천국의 난 11

ㅍ

파블로프 89
페테르부르크 67, 117, 132, 134, 135, 140
「평화회의보」 126
『평화회의보Courrier de la Conférence』 98, 110
포츠머스강화조약 68, 114, 115

플레하노프 67

ㅎ

하세가와 요시미치長谷川好道 71, 88
하야시 곤스케林勸助 56, 71, 93
하야시 다다스林董 88
『한국통사韓國痛史』 125
한규설韓圭卨 65, 71, 73, 74
『한말잡보韓末雜報』 83
한민학교韓民學校 90, 149
한북흥학회 123
한성사범학교 25~27, 51, 52, 54
한성재판소 121
한일의정서 59, 93, 94, 122
한청통상조약 42
한흥동 141, 149
함일학교咸一學校 54
합성협회 147
『해아밀사海牙密使』 85
허위 65
헌정연구회 122
헐버트Homer B. Hulbert 23, 24, 27, 50, 51, 84, 96, 98, 99, 102, 103, 105, 111, 139, 141, 142
헤론 20
헤이그 82, 84, 89, 91, 97, 99, 108, 114, 116, 117, 118, 120, 127, 132, 137, 139, 141
헤이그특사 94, 103, 113, 123, 136
헨리 로스코Henry Enfield Roscoe 55
홍범도洪範圖 151
홍주의병진 46

홍창섭 86~89
『화학계몽초化學啓蒙抄』 50, 54
황국협회 39
황달영黃達永 86, 88

황무지개척권 60~62, 65, 97, 122
『황성신문』 54, 66
후커 J. D. Hooker 55
휘문관徽文館 54

신학문과 독립운동의 선구자 이상설

1판 1쇄 인쇄 2017년 12월 18일
1판 1쇄 발행 2017년 12월 22일

글쓴이　이민원
기　획　독립기념관 한국독립운동사연구소
펴낸이　이준식
펴낸곳　역사공간

　　　　주소: 04034 서울시 마포구 양화로 11길 18 원오빌딩 4층
　　　　전화: 02-725-8806, 070-7825-9900
　　　　팩스: 02-725-8801, 0505-325-8801
　　　　E-mail: jhs8807@hanmail.net
　　　　등록: 2003년 7월 22일 제6-510호

ISBN 979-11-5707-150-0 03900

- 잘못된 책은 바꿔 드립니다.
- 이 도서의 국립중앙도서관 출판예정도서목록(CIP)은 서지정보유통지원시스템 홈페이지 (http://seoji.nl.go.kr)와 국가자료공동목록시스템(http://www.nl.go.kr/kolisnet)에서 이용하실 수 있습니다.(CIP제어번호: CIP2017033602)

역사공간이 펴내는 '한국의 독립운동가들'

독립기념관은 독립운동사 대중화를 위해 향후 10년간 100명의 독립운동가를 선정하여, 그들의 삶과 자취를 조명하는 열전을 기획하고 있다.

001 근대화의 선구자 - 최광옥의 삶과 위대한 유산
002 대한제국군에서 한국광복군까지 - 황학수의 독립운동
003 대륙에 남긴 꿈 - 김원봉의 항일역정과 삶
004 중도의 길을 걸은 신민족주의자 - 안재홍의 생각과 삶
005 서간도 독립군의 개척자 - 이상룡의 독립정신
006 고종 황제의 마지막 특사 - 이준의 구국운동
007 민중과 함께 한 조선의 간디 - 조만식의 민족운동
008 봉오동·청산리 전투의 영웅 - 홍범도의 독립전쟁
009 유림 의병의 선도자 - 유인석
010 시베리아 한인민족운동의 대부 - 최재형
011 기독교 민족운동의 영원한 지도자 - 이승훈
012 자유를 위해 투쟁한 아나키스트 - 이회영
013 간도 민족독립운동의 지도자 - 김약연
014 대한민국 임시정부의 민족혁명가 - 윤기섭
015 서북을 호령한 여성독립운동가 - 조신성
016 독립운동 자금의 젖줄 - 안희제
017 3·1운동의 얼 - 유관순
018 대한민국임시정부의 안살림꾼 - 정정화
019 노구를 민족제단에 바친 의열투쟁가 - 강우규
020 미 대륙의 항일무장투쟁론자 - 박용만
021 영원한 대한민국임시정부의 요인 - 김철
022 혁신유림계의 독립운동을 주도한 선각자 - 김창숙
023 시대를 앞서간 민족혁명의 선각자 - 신규식
024 대한민국을 세운 독립운동가 - 이승만
025 한국광복군 총사령 - 지청천

026 독립협회를 창설한 개화·개혁의 선구자 - 서재필
027 만주 항일무장투쟁의 신화 - 김좌진
028 일왕을 겨눈 독립투사 - 이봉창
029 만주지역 통합운동의 주역 - 김동삼
030 소년운동을 민족운동으로 승화시킨 - 방정환
031 의열투쟁의 선구자 - 전명운
032 대종교와 대한민국임시정부 - 조완구
033 재미한인 독립운동의 표상 - 김호
034 천도교에서 민족지도자의 길을 간 - 손병희
035 계몽운동에서 무장투쟁까지의 선도자 - 양기탁
036 무궁화 사랑으로 삼천리를 수놓은 - 남궁억
037 대한 선비의 표상 - 최익현
038 희고 흰 저 천 길 물 속에 - 김도현
039 불멸의 민족혼 되살려 낸 역사가 - 박은식
040 독립과 민족해방의 철학사상가 - 김중건
041 실천적인 민족주의 역사가 - 장도빈
042 잊혀진 미주 한인사회의 대들보 - 이대위
043 독립군을 기르고 광복군을 조직한 군사전문가 - 조성환
044 우리말·우리역사 보급의 거목 - 이윤재
045 의열단·민족혁명당·조선의용대의 영혼 - 윤세주
046 한국의 독립운동을 도운 영국 언론인 - 배설
047 자유의 불꽃을 목숨으로 피운 - 윤봉길
048 한국 항일여성운동계의 대모 - 김마리아
049 극일에서 분단을 넘은 박애주의자 - 박열
050 영원한 자유인을 추구한 민족해방운동가 - 신채호

051 독립전쟁론의 선구자 광복회 총사령 - 박상진
052 민족의 독립과 통합에 바친 삶 - 김규식
053 '조선심'을 주창한 민족사학자 - 문일평
054 겨레의 시민사회운동가 - 이상재
055 한글에 빛을 밝힌 어문민족주의자 - 주시경
056 대한제국의 마지막 숨결 - 민영환
057 좌우의 벽을 뛰어넘은 독립운동가 - 신익희
058 임시정부와 흥사단을 이끈 독립운동계의 재상 - 차리석
059 대한민국임시정부의 초대 국무총리 - 이동휘
060 청렴결백한 대한민국 임시정부의 지킴이 - 이시영
061 자유독립을 위한 밀알 - 신석구
062 전인적인 독립운동가 - 한용운
063 만주 지역 민족통합을 이끈 지도자 - 정이형
064 민족과 국가를 위해 살다 간 지도자 - 김구
065 대한민국임시정부의 이론가 - 조소앙
066 타이완 항일 의열투쟁의 선봉 - 조명하
067 대륙에 용맹을 떨친 명장 - 김홍일
068 의열투쟁에 헌신한 독립운동가 - 나창헌
069 한국인보다 한국을 더 사랑한 미국인 - 헐버트
070 3·1운동과 임시정부 수립의 숨은 주역 - 현순
071 대한독립을 위해 하늘을 날았던 한국 최초의
     여류비행사 - 권기옥
072 대한민국임시정부의 정신적 지주 - 이동녕
073 독립의군부의 지도자 - 임병찬
074 만주 무장투쟁의 맹장 - 김승학

075 독립전쟁에 일생을 바친 군인 - 김학규
076 시대를 뛰어넘은 평민 의병장 - 신돌석
077 남만주 최후의 독립군 사령관 - 양세봉
078 신대한 건설의 비전, 무실역행의 독립운동가
     - 송종익
079 한국 독립운동의 혁명 영수 - 안창호
080 광야에 선 민족시인 - 이육사
081 살신성인의 길을 간 의열투쟁가 - 김지섭
082 새로운 하나된 한국을 꿈꾼 - 유일한
083 투탄과 자결, 의열투쟁의 화신 - 나석주
084 의열투쟁의 이론을 정립하고 실천한 - 류자명
085 신학문과 독립운동의 선구자 - 이상설